MON VILLAGE

PAR
PONSON DU TERRAIL

II
LA MÈRE MIRACLE

PARIS
E. DENTU, ÉDITEUR
LIBRAIRE DE LA SOCIÉTÉ DES GENS DE LETTRES
PALAIS-ROYAL, 17 ET 19, GALERIE D'ORLÉANS.

MON VILLAGE

Paris. — Typographie E. Panckoucke et Cie, quai Voltaire, 13.

PONSON DU TERRAIL

MON VILLAGE

II

LA MÈRE MIRACLE

PARIS
E. DENTU, ÉDITEUR
LIBRAIRE DE LA SOCIÉTÉ DES GENS DE LETTRES
Palais-Royal, 17 et 19, galerie d'Orléans
1867
Tous droits réservés

MON VILLAGE

MADEMOISELLE MIGNONNE

(SUITE)

CHAPITRE XXIX

Le Mulot s'était arrêté tout net, en voyant passer M. Anatole et Mlle Paumelle.

On eût dit que la foudre l'avait frappé.

Du reste, la journée avait été agitée pour lui, comme on va le voir.

Le matin, il était allé à la Renardière pour y chercher les six mille francs que sa sœur lui avait promis la veille.

Il était tellement sûr de son fait en quittant

Saint-Florentin, il avait tellement la persuasion que la Martine était pour jamais sous sa dépendance, qu'il avait sifflé des airs de chasse tout le long du chemin.

Le vieux cheval de chasse du commandant était encore une rude bête, et le Mulot ne se priva point de le mener bon train, sautant les fossés, les ornières, passant au besoin sous bois.

Le Mulot était content de lui comme cavalier, et du cheval comme monture.

— Voilà, se dit-il en route, un cheval qui se perd les jambes chez ma sœur, car on ne le monte plus que rarement. C'est dommage. Je le garderai.

Il entra dans la Renardière comme on entre dans un pays conquis.

Cependant, il crut s'apercevoir que Michel le saluait un peu moins bas qu'à l'ordinaire.

Michel avait sans doute surpris quelques paroles de colère échappées à la Martine, durant le voyage de la nuit.

— Où est ma sœur? demanda le Mulot.

— Monsieur, répondit l'ancien soldat, je crois que madame est là-bas, au bout du parc, dans ce pavillon rustique où défunt le commandant allait lire les journaux.

Le Mulot mit pied à terre et jeta la bride à Michel en lui disant :

— Bouchonne-le comme il faut et donne-lui une bonne avoine, car je le remmène.

— Ah! fit Michel un peu étonné.

Le fusil du Mulot était resté à l'arçon de la selle, et le Mulot ne songea point à le prendre et à le mettre sur son épaule.

La Martine était en effet dans le pavillon.

C'était une sorte de petit kiosque pourvu d'une cheminée.

La Martine s'y tenait quelquefois et y emportait un ouvrage d'aiguille.

Le Mulot entra d'un air vainqueur et l'embrassa.

— Ah! te voilà, dit froidement la Martine.

— Me voilà, répondit le Mulot. Est-ce que ce n'était pas convenu que je viendrais ce matin?

— Si.

— Alors pourquoi fais-tu l'étonnée?

— Je ne suis pas étonnée, dit la Martine ; seulement, quelquefois on change d'avis.

— Moi, jamais.

— Je ne suis pas comme toi, alors.

— Ah! dit le Mulot qui fronça le sourcil.

La Martine continua avec calme :

— J'ai beaucoup réfléchi, cette nuit, en m'en revenant.

— A quoi donc?

— A ceci d'abord, que lorsque je t'aurais donné les six mille francs que tu demandes...

— Je viens les chercher, dit le Mulot.

— ... Ce ne serait pas encore fini, reprit la Martine, et que dans un mois, peut-être avant, tu demanderais autre chose encore.

— Bon! fit le Mulot. Après?

— Et j'ai renoncé à te donner les six mille francs.

— Eh bien, elle est forte, celle-là! dit le garnement.

— Attends encore, dit la Martine, je n'ai pas fini.

Elle attacha, en parlant ainsi, un tel regard sur le Mulot, que celui-ci se sentit dominé.

— Qu'est-ce qu'il y a encore? fit-il.

La Martine alla vers le seuil du pavillon et s'assura d'un regard qu'il n'y avait personne dans le parc et qu'ils étaient bien seuls.

Elle ferma la porte et revint vers son frère.

— Tu penses, dit-elle, que si je t'ai attendu ici, c'est que je voulais que nous parlassions à cœur ouvert.

— Je ne demande pas mieux.

— Et que nous puissions jouer cartes sur table.

— Ça va, dit le Mulot qui retrouvait peu à peu son impudence.

— C'est toi qui as fait le coup.

— Après?

— Mais je n'y suis pour rien, moi, et je ne crains rien.

— Bah!

— Je ne sais pas, je ne suis pas censée savoir ce qu'a fait le commandant avant de mourir; il y avait un testament en ma faveur, il s'est retrouvé. On m'a mise en possession, voilà tout. Le reste ne me regarde pas. S'il y en a un autre et qu'on le produise, je rendrai ce que je dois rendre.

— Hé! hé! dit le Mulot, c'est bien raisonné, cela.

— Donner pour donner, j'aime autant restituer; par conséquent, te voilà averti.

Le Mulot ne se déconcerta point.

— Tu as peut-être tort, dit-il, car je ne te demanderai jamais quatre cent mille francs, moi!

— C'est possible, mais comme tu ne veux pas me rendre ce que tu sais....

— Pas si bête!

Et le Mulot eut un rire des plus francs qu'il lança au nez de sa sœur en manière de défi.

— Si on retrouve le second testament, je m'y conformerai, dit sèchement la Martine.

— Hé! hé! on le retrouvera peut-être...

— Oui, mais ce jour-là ne sera pas loin d'un autre jour où quelqu'un que tu connais encore mieux que moi se fera couper le cou sur la place Dauphine, à Orléans.

Le Mulot ne put réprimer un léger frisson et il pâlit.

Mais il se fut bientôt remis et répliqua :

— C'est encore possible, ce que tu dis là, mais il y a quelqu'une autre qui pourrait bien en être de la fête.

— Tu te trompes, dit froidement la Martine. Pour que cela arrivât, il faudrait prouver la complicité de la personne dont tu parles, et tu sais bien qu'elle n'y est pour rien.

— C'est une erreur! dit le Mulot avec un calme cynique.

— Ah! tu crois?

Et la Martine se mit à rire à son tour et ne se donna plus la peine de parler à mots couverts.

— Est-ce que j'y étais, moi? fit-elle.

— Pour ça, non.

— Est-ce que j'ai conseillé de faire le coup ?

— Non encore. Mais tu aurais pu t'y opposer.

— Voilà ce qui sera difficile à prouver.

— Et prévenir Saurin quand il montait à cheval.

— Oh ! pour ça, je suis bien tranquille, dit la Martine, il est parti sans que je le voie, et j'aurai des témoins.

— Et puis, dit le Mulot, il faudrait encore expliquer une chose.

— Laquelle ?

— C'est que tu n'as jamais cru que le commandant eût fait un second testament.

— Personne ne m'en a parlé.

— Alors tu n'y crois pas ?

— Naturellement, puisque j'ai hérité sans remords.

— Et que tu as fait de ton frère, un vagabond et un braconnier que tu avais chassé au trefois, un bourgeois de Saint-Florentin.

Cette dernière réplique était écrasante.

Evidemment, pour la justice, si jamais elle avait à débrouiller cette ténébreuse affaire, les libéralités de la Martine envers son frère s'expliqueraient difficilement.

La Martine tressaillit, car le Mulot avait touché juste.

Néanmoins, elle ne broncha pas.

— Eh bien, dit-elle, s'il m'arrive malheur, j'en subirai les conséquences.

— C'est ton dernier mot?

— C'est le dernier.

Le Mulot eut un accès de rage.

— Ecoute, dit-il, tu as tort de me pousser à bout comme ça. Tu ne sais pas le tour que je te ménage.

— Je me moque de toi, dit la Martine.

Et elle se leva pour sortir.

Mais, tout à coup, elle s'arrêta, regarda fixement son frère et dit :

— Veux-tu transiger?

— Ça dépend...

— Je te donne cinquante mille francs contre ce que tu sais. Sinon, fais ce que tu voudras.

— En plus des six mille francs?

— Soit.

— C'est qu'il me faut les six mille francs tout de suite.

— Tant pis!

— Tu as tort... Je ferai des bêtises !

— A ton aise, dit la Martine. Tu réfléchiras. Apporte-moi ça demain, et nous verrons...

Le Mulot connaissait sa sœur; il la savait résolue et tenace dans ses volontés.

Mais il eut un accès de rage qu'il ne put maîtriser.

Et comme elle voulait ouvrir la porte, il s'élança sur elle en disant :

— Tu ne sortiras pas !

Il avait les yeux injectés de sang et tout son corps frémissait.

Cet homme, qui avait déjà du sang sur les mains, était homme à commettre un nouveau crime.

— Il me faut les six mille francs, répéta-t-il ; il me les faut ! Si tu ne *craches* pas, je t'étrangle !

— Lâche-moi ou j'appelle au secours, fit la Martine essayant de se dégager.

— Je m'en fiche ! Avant qu'on ne soit venu, je t'aurai étranglée.

Et il lui arrondit ses doigts noueux autour du cou.

La Martine était perdue si elle n'eût conservé son sang-froid.

— Eh bien, lâche-moi, dit-elle, et tu les auras.

Un souvenir venait de traverser son esprit, rapide, fulgurant. Ce souvenir devait la sauver.

Le Mulot s'accota à la porte en lâchant le cou de sa sœur à demi suffoquée et lui dit :

— Je ne me laisse pas prendre aux *couleurs*

que tu as essayé de me monter. Tu as l'argent dans ta poche; ainsi fouille-toi... et dépêchosn-nous.

— Dans ma poche, non, dit la Martine. Mais l'argent est ici et je vais te le donner.

— C'est bien, j'attends.

Et le Mulot resta appuyé à la porte.

Il y avait un meuble dans le pavillon, une sorte de vieux bahut où le commandant serrait souvent divers objets, tels que des livres, des journaux, des graines de jardinage et même une bouteille de rhum.

La Martine venait de se souvenir qu'elle avait ouvert ce bahut quelques jours auparavant et qu'elle y avait vu une paire de pistolets d'arçon chargés et amorcés.

Courir au bahut, l'ouvrir, s'emparer des pistolets et se retourner vivement en les braquant sur le Mulot fut pour elle l'affaire d'une seconde.

— Etrangle-moi maintenant! dit-elle.

Le Mulot voulut faire un pas.

— Si tu avances, je te brûle! dit la Martine.

Et elle l'eût fait, en effet. Le Mulot le comprit à la froide énergie de son regard.

Il eut un mot naïf :

— Enfoncé! dit-il.

— Je te conseille de t'en aller, dit encore la Martine, et de ne revenir ici qu'avec ce que tu sais.

Le Mulot ouvrit la porte et s'élança dans le parc. L'attitude froide et résolue de sa sœur l'avait déconcenancé.

— Elle ne me craint pas, murmura-t-il en s'en allant. Je crois bien qu'il faudra que je lui rende la chose!

Et il ne songea point à retourner à la Renardière, et à aller prendre le cheval sur lequel il avait tout à l'heure mis son dévolu.

Il s'en alla tout penaud jusqu'au bout du parc, franchit la clôture et se trouva dans la forêt.

— Bah! se dit-il en s'en allant, j'ai encore six jours devant moi pour payer la créance au père Jaubert; d'ici six jours elle réfléchira peut-être... et j'ai le temps de voir venir. Laissons courir la bille jusque-là...

Le testament est en sûreté et le diable lui-même ne le trouverait pas.

Et sur ces mots, qui le réconfortaient un peu, M. Maurel reprit la route de Saint-Florentin, peu soucieux d'aller chercher son fusil à la Renardière.

CHAPITRE XXX

Le Mulot était entré à Saint-Florentin la rage au cœur, en dépit des réflexions consolantes qu'il avait faites.

La Martine lui résistait, la Martine n'avait pas peur de lui. Toute la question était là.

Or, il faut bien le dire, cet homme qui était né vagabond, qui avait vécu sans vêtements et presque sans pain toute sa vie, demandant au brigandage sa subsistance quotidienne, s'était habitué avec une merveilleuse rapidité à sa nouvelle situation. L'appétit lui était venu en mangeant.

— Si ma sœur est riche, s'était-il dit, c'est moi qu'elle le doit. Donc elle est mon obligée et a contracté envers moi de grandes obligations.

Ce point de départ une fois adopté, cet homme, qui dès son jeune âge s'était placé au-dessus de la loi et avait pour maxime que le bien d'autrui appartient à qui sait se l'approprier, ne s'était plus arrêté dans ses vues ambitieuses. Il lui fallait la moitié de cette fortune laissée par le commandant Richaud et qui était tout entière dans les mains de la Martine.

L'acquisition de Bellevue n'était, à son point de vue, qu'un pot-de-vin insignifiant.

Cependant, huit jours plus tôt, il eût transigé.

Mais, depuis huit jours, bien des espérances avaient germé dans sa tête.

Il avait vu Mlle Paumelle, non plus enfant, mais grande et belle jeune fille.

Ces choses-là arrivent souvent, qu'un être vil s'éprenne d'un être éthéré, que le ver qui vit dans la fange infecte tombe amoureux d'une étoile.

Le Mulot, cet être grotesque à force de hideur, cet assassin dont la face suait le crime, avait tressailli des pieds à la tête en voyant la pauvre déshéritée penchée un soir sur son ingrat ouvrage d'aiguille.

Ce sentiment, tout nouveau pour lui, et qui était devenu d'une ténacité inouïe, il en avait honte cependant, puisqu'il n'avait osé en parler à sa sœur.

Peut-être que s'il lui eût dit : « J'aime celle dont nous avons volé l'héritage, » la Martine, épouvantée, eût fait tout ce qu'il aurait voulu.

Mais le Mulot, qui ne voulait pas s'avouer à lui-même cette étrange pudeur, se donna une raison excellente puisée dans son esprit cauteleux et dans son imagination pleine de singulières défiances.

— Quand j'aurai tout repincé, se dit-il, faisant allusion à la part qu'il s'était arrogée d'avance et qu'il comptait bien avoir, de ce gâteau qui s'appelait la Renardière, j'épouserai la petite, et ma sœur n'aura plus rien à dire.

Or, l'attitude de la Martine l'avait un peu déconcerté. Il ne se dissimulait pas que s'il s'était attendu à rencontrer des obstacles sur sa route, c'était partout ailleurs que là.

Aussi, pesant et ruminant tout cela dans sa tête, il arriva à *son château* de Bellevue de fort méchante humeur.

La Dorothée était dans la cuisine et préparait le souper de son maître.

Le matin, le Mulot ne lui avait rien dit.

Mais le soir, le vent avait tourné sans doute, car il se souvint que cette fille était venue, la veille, avec sa sœur; qu'en son absence elle avait introduit la Martine dans la maison, et que, par conséquent, elle s'était faite sa complice.

Il entra donc comme un ouragan.

La Dorothée se retourna effrayée.

Le Mulot lui dit :

— Pourquoi es-tu revenue hier soir, quand je t'avais dit de m'attendre à la Renardière?

— C'est madame votre sœur qui l'a voulu.

— Madame ma sœur est donc ta maîtresse?

Cette question, faite d'un ton ironique, stupéfia la Dorothée.

— Mais... monsieur Maurel... balbutia-t-elle.

Pour toute réponse, le Mulot lui appliqua un violent coup de pied en lui disant :

— Puisque c'est ma sœur qui est ta maîtresse, va-t'en à la Renardière.

La Dorothée joignit les mains et demanda pardon; mais le Mulot fut inflexible.

— Si tu n'as pas *vidé l'enceinte* d'ici un quart d'heure, dit-il, se servant d'une locution cynégétique, je t'assomme!

Et il lui donna un second coup de pied.

— Prends ton baluchon et va-t'en, ajouta-t-il, et plus vite que cela, encore !

La Dorothée comprit qu'elle jouerait trop gros jeu en essayant de rester.

— Je ne peux pourtant pas emporter ma malle sur mon dos, dit-elle.

— Ça ne me regarde pas, va-t'en !

Et il la prit par les épaules et la jeta dehors.

La Dorothée s'en alla; mais elle se réfugia chez le fermier.

Le Mulot ferma la porte, attendit que sa soupe fût cuite et la posa sur la table.

Puis il se servit lui-même et soupa comme si de rien n'était.

Dorothée et lui avaient, chacun un passe-partout, mais la grosse clef restait dans la serrure, et, quand on avait donné deux tours de cette clef, le passe-partout devenait impuissant.

Comme il avait oublié de réclamer ce passe-partout à Dorothée, le Mulot, quand il eut fini son repas, sortit en fermant la porte avec la grosse clef.

Il oublia de donner à manger à ses chiens qui hurlaient au chenil, alluma sa pipe et s'en alla.

Le café de l'Univers, comme on le pense bien, était son but ordinaire.

Mais il ne passa point devant la maison d'école sans jeter un petit coup d'œil au travers des contrevents.

La maison d'école était sans lumière.

— Bon! se dit-il avec colère, elle est encore chez ce maudit curé, bien sûr.

Et il passa devant le café de l'Univers sans s'arrêter, et dominé de nouveau par cette jalousie qui, deux fois déjà, l'avait mordu au cœur.

Comme la lune était nouvelle, il faisait sombre.

En outre le temps était froid, chacun restait au coin du feu et la rue était déserte.

Le Mulot arriva jusqu'au presbytère sans rencontrer personne.

Comme la première fois, il tourna le bâtiment, escalada le mur du jardin, se mit à califourchon dessus et plongea un regard investigateur dans la cuisine où l'on voyait de la lumière.

Le curé lisait son bréviaire, la vieille Nanon dormait, et Bigorne, qui était un peu bon à tout faire, épluchait des carottes. Mais, de M. Anatole et de Mlle Paumelle, point!

Le Mulot se laissa glisser en bas du mur, revint dans la Grande-Rue et passa de nouveau sous les fenêtres de la maison d'école.

Aucune lumière !

Où donc était la jeune fille ?

Le Mulot, dépité et ne sachant que faire, se décida à entrer au café de l'Univers.

Mais il était dit, ce jour-là, qu'il aurait de la déveine perpétuellement.

Le café était presque désert.

Le maître de l'établissement lisait, dans son comptoir, le dernier numéro du *Journal du Loiret*.

Le tonnelier beau parleur qu'on appelait Ulysse était absent, la table habituelle de M. Jouval déserte, et le père Boutteville, un des plus fidèles, ne montrait nulle part son visage rouge et astucieux.

Deux paysans seuls faisaient la partie de billard et causaient en jouant.

Le Mulot demanda du vin chaud et se fit servir auprès du billard, espérant se distraire en regardant la partie.

Les deux paysans causaient, et, dès les premiers mots qu'il entendit, le Mulot fit la grimace.

L'un disait :

— On dira tout ce qu'on voudra, mais on peut aller bien loin de ci et de là, et partout alentour, on ne trouvera pas une famille plus respectable que la famille des Misseny.

— Pour ça, répondit l'autre, c'est vrai ; c'est de bien braves gens tout de même, et charitables, quoique pas riches.

— L'autre soir, reprit le premier, il y avait ici un tas de clampins, des *rien du tout*, quoi ! qui avaient l'air de se gausser de M. Anatole parce qu'il n'est plus riche. Il en aura toujours plus qu'eux et que nous... Et puis c'est un homme juste et franc, quoi ! et, avec tous ses écus, ce n'est pas M. Jouval qui ferait comme lui.

— Pardi, celui-là, dit l'autre joueur, quand il vous doit, deux et deux font trois ; mais quand on lui doit, ça fait huit.

— Avec tout ça il a eu bien du mal à être du conseil, tandis que M. Anatole, il sera maire quand il voudra.

— Et M. Anatole est aimé, quoi qu'on en dise, et il n'y a pas dans Saint-Florentin dix personnes qui voudraient lui faire de la peine... tandis que M. Jouval... Oh ! malheur !

— Pardi ! il fait la banque... à sept du cent... il a prêté de l'argent à presque tout le monde... Qu'est-ce que vous voulez qu'on puisse lui faire ?... on lui doit... mais si on ne lui devait rien...

— En temps de révolution, il passerait peut-être un mauvais quart d'heure, reprit le premier.

— C'est bien possible, dit le second.

Cette conversation était si peu du goût du Mulot, qui haïssait déjà mortellement M. Anatole de Misseny, qu'il quitta sa place et alla s'accouder au comptoir.

— Vous avez peu de monde ce soir, dit-il au patron qui achevait paisiblement la lecture de son journal.

— C'est samedi, aujourd'hui.

— Ah! vous n'avez donc pas autant de monde le samedi? demanda le Mulot.

— Le samedi est jour de marché à Orléans, et M. Jouval y va toujours.

— Bon!

— Le père Boutteville aussi et le père Ulysse quelquefois; ça fait que, lorsque ni le père Boutteville, ni Ulysse, ni M. Jouval ne sont ici, les chalands ne viennent guère.

— Alors, personne ne viendra ce soir.

— Oh! pardon, dit le cafetier, ils arrivent tous par la voiture qui part le soir d'Orléans; et M. Jouval ne s'irait pas coucher sans venir faire un tour ici.

— Et à quelle heure passe la voiture?

— Aux environs de dix heures.

Le Mulot tourna les yeux vers le coucou placé au-dessus du billard.

Il était dix heures moins vingt.

L'impatience le gagna; il sortit.

Peut-être espérait-il voir enfin de la lumière chez Mlle Paumelle.

Aussi alla-t-il se promener de nouveau, en fumant sa pipe, et les mains dans ses poches, sous les fenêtres de la maison d'école.

Il n'y avait pas plus de lumière à dix heures moins un quart qu'à huit heures et demie.

Le Mulot était hors de lui.

On eût dit que la jeune maîtresse d'école lui devait un compte fidèle de son temps, et qu'elle ne devait pas sortir sans sa permission.

Il se promenait donc d'un pas inégal et brusque devant la maison d'école, lorsque dans le lointain se dessinèrent les silhouettes de Mlle Mignonne et de M. Anatole.

La nuit était sombre, mais le Mulot les reconnut aux battements subits et précipités de son cœur.

Il s'arrêta suffoqué, les cheveux hérissés, sans voix, sans haleine.

Ils passèrent près de lui et ne le virent point.

Il les suivit d'un œil stupide et les vit se séparer à la porte de la maison d'école, Anatole la saluant et elle lui faisant un petit signe d'adieu de la main....

M. Anatole était déjà bien loin que le Mulot n'avait pas changé de place.

— Oh! dit-il enfin, et comme s'il se fût arraché brusquement à quelque vision terrible, je suis capable de faire un malheur ce soir!...

Et il s'approcha de la porte qui venait de se refermer sur Mlle Paumelle et frappa.

M. Anatole de Misseny était loin déjà. Mais au lieu de rebrousser chemin pour retourner au château, il avait continué à descendre la rue dans la direction du presbytère.

CHAPITRE XXXI

Pour expliquer la scène étrange que nous allons raconter, il est jusqu'à un certain point nécessaire de dire quelques mots du temps où M{ll} Mignonne, encore enfant, vivait à la Renardière et était adorée de son oncle.

La Martine dominait déjà dans cette maison qu'elle devait posséder un jour, mais elle dominait dans l'ombre, ne mangeait pas à table, et le petit Auguste n'était pas né.

Mignonne était la petite fée du logis, la jeune maîtresse en qui on saluait la future héritière et que tout le monde aimait.

Par contre, Mignonne aimait tout le monde, et plus d'une fois, d'un mot, d'un geste, en joignant ses petites mains roses, elle avait apaisé les plus violentes colères du commandant.

En ce temps-là le Mulot venait déjà à la Renardière.

Mais il y venait humblement, en tremblant, comme un va-nu-pieds qu'il était, bien heureux d'emporter un peu de pain, un morceau de viande et une pièce de vingt sous, que sa sœur lui donnait en cachette.

La petite Mignonne l'avait prise en amitié parce que le mauvais drôle, déjà courtisan et ne prévoyant pas alors ce que lui gardait l'avenir, avait voulu se bien faire venir d'elle.

La chose n'était pas difficile et il y avait réussi sans peine.

Mignonne aimait les oiseaux, le Mulot lui en dénichait et les lui apportait.

Elle adorait les fraises et les framboises sauvages ; le Mulot ne venait à la Renardière qu'avec un panier rempli de ces fruits cueillis en forêt.

Quand le commandant le chassait, Mignonne intercédait pour lui.

Elle le tutoyait, et le Mulot l'appelait respectueusement mademoiselle.

Puis les années avaient passé, et le Mulot et Mignonne ne s'étaient pas revus.

A la mort du commandant, on le sait, le Mulot n'avait point paru à la Renardière.

Il n'y était venu qu'après le départ de la jeune fille.

Le curé Duval avait affirmé que le commandant, à son lit de mort, avait fait un nouveau testament, et Mignonne le croyait fermement.

Peut-être même, comme le vieux prêtre, était-elle convaincue, bien que jamais elle n'en parlât, que la Martine n'était pas étrangère à la mort de Saurin.

Mais la pensée que le Mulot eût pu être l'instrument du crime ne lui était point venue.

D'ailleurs, à peine se souvenait-elle de lui, et le bon curé avait si bien recommandé à Bigorne, à la vieille Nanon, à la veuve, qu'il avait installée à la maison d'école, de ne jamais parler du commandant ni de la Martine à Mlle Mignonne, que celle-ci, bien qu'elle fût à Saint-Florentin depuis quelque temps déjà, ne savait même pas que ce M. Maurel, qui venait d'acheter Bellevue, n'était autre que son ancien ami le Mulot.

Mignonne venait donc de rentrer chez elle, tout émue et toute troublée, et elle avait à peine eu le temps d'allumer sa petite lampe et de quitter son châle et son chapeau, lorsqu'elle entendit frapper à la porte.

La veuve n'était pas rentrée encore. Mignonne crut que c'était elle et alla ouvrir sans défiance.

A la vue d'un homme que d'abord elle ne reconnaissait pas, tant le Mulot était changé, elle ne put réprimer un mouvement d'effroi.

De son côté, le Mulot qui avait frappé comme un furieux, se calma subitement.

Il devint timide, dominé sans doute par les souvenirs d'autrefois et le respect qu'il avait si longtemps professé pour la *demoiselle*.

Ce fut presque d'une voix tremblante qu'il murmura, tandis que Mignonne le regardait maintenant avec plus d'étonnement que d'effroi :

— Je vois bien que vous ne me reconnaissez pas, mademoiselle Mignonne.

— Il me semble que je vous reconnais à la voix, dit-elle. Vous êtes le Mulot ?

— Justement.

— Comment, c'est toi ? fit la jeune fille.

Elle avait oublié tout d'un coup, dominée qu'elle était, elle aussi, par ses souvenirs d'enfance; et la mort de son oncle et la perte de son héritage, et, enfin, que le Mulot était le frère de la femme qui l'avait spoliée.

Elle ne vit, en ce moment, dans ce paysan endimanché, que le petit vagabond qui, autrefois, lui apportait des paniers de fraises et lui dénichait des oiseaux.

— Oui, mademoiselle, dit le Mulot qui s'efforçait en vain de retrouver l'aplomb de M. Maurel, c'est moi.

—Comme te voilà changé! dit-elle naïvement.

Cette exclamation réconforta un peu le Mulot, et il eut un demi-sourire d'orgueil.

— Mais, dit-elle encore, tu es mis comme un monsieur.

Le sourire du Mulot s'épanouit.

Mignonne demeurait sur le seuil de la porte et le Mulot restait en dehors.

— Que viens-tu faire à Saint-Florentin? demanda la jeune fille.

— Mais j'y demeure...

— Ah!

— Et je venais pour vous parler, mademoiselle.

— Entre, mon garçon, entre, en ce cas, dit la jeune fille avec cette simplicité sans défiance d'une femme qui se sent placée si haut que nulle insulte ne lui semble possible.

Mignonne ne pensait même pas qu'elle était seule dans la maison, qu'il était dix heures du soir et qu'elle pouvait être exposée à un danger quelconque en demeurant tête à tête avec un tel chenapan.

D'ailleurs le Mulot était humble et respectueux comme autrefois. Elle ouvrit la porte qu'elle avait à sa gauche et qui était celle de la classe.

Un reste de feu brûlait dans le poêle.

— Entre là, dit-elle.

— Et elle posa le flambeau qu'elle tenait à la main sur un des pupitres.

Puis elle s'assit, tandis que le Mulot demeurait debout devant elle, son chapeau à la main.

— Va, dit-elle, je t'écoute, qu'est-ce que tu as à me dire?

Le Mulot avait été fort décontenancé de cette aisance avec laquelle Mlle Paumelle l'avait reçu.

Si, à sa vue, elle se fût troublée et eût témoigné le moindre effroi, la moindre inquiétude, certainement le Mulot, retrouvant toute son audace, lui eût, sur-le-champ, tenu les propos les plus inconvenants et les plus étranges, et il eût débuté peut-être par une scène de jalousie.

Mais la petite châtelaine d'autrefois reparaissant tout entière dans la pauvre maîtresse d'école, M. Maurel redevenait le Mulot comme devant et se trouvait placé sur un plan d'infériorité.

Cependant, n'osant faire usage de son audace, il se réfugia dans une astuce basse et cauteleuse.

— Mademoiselle, dit-il, je venais vous parler rapport à ma sœur.

Mignonne se souvint alors ; un nuage passa sur son front et y creusa un léger pli ; un peu de tristesse voila son regard. Mais tout cela fut si rapide qu'à peine le Mulot put saisir cette émotion passagère et n'eut pas le temps de s'en faire une arme.

Mignonne lui dit :

— Je n'ai aucune affaire à démêler avec ta sœur, mon garçon, et je ne me plains nullement ; je serais même, à tout prendre, son obligée, puisqu'elle m'a offert de rester avec elle.

Mignonne, en parlant ainsi, venait de tendre une perche au Mulot qui s'en servit av empressement, car son imagination commençait à être à bout de ressources.

— Ah! mademoiselle, dit-il, croyez-bien que

3.

ma sœur vaut mieux qu'on ne dit. Je sais bien qu'on l'a accusée...

— Je ne l'accuse pas, moi, dit Mignonne avec douceur.

— Mais les autres l'accusent, et c'est ce qui fait son désespoir, voyez-vous.

— Mon oncle avait le droit de disposer de sa fortune, dit encore Mignonne ; il l'a fait, et personne n'a rien à y redire.

— Mais, ma sœur, dit le Mulot, et moi, mademoiselle, nous voudrions réparer le mal que le commandant a fait.

Mignonne tressaillit et regarda le Mulot avec un étonnement subit.

Le Mulot continua :

— Ma sœur vaut mieux qu'on ne croit, allez ! Mignonne se tut.

— Elle aime bien son enfant, c'est vrai...

— C'est tout naturel, dit Mignonne.

— Mais elle m'aime bien aussi, moi qui suis son frère.

— J'aime à le croire, dit Mignonne, et en te voyant ainsi habillé, je présume qu'elle t'a pris avec elle et que tu n'es plus misérable comme autrefois, mon pauvre Mulot.

— Oh ! elle a fait mieux que cela, mademoiselle,

— Vraiment !

— Elle m'a acheté Bellevue.

— Qu'est-ce que Bellevue ?

— C'est cette maison en briques rouges qu'on voit en sortant de Saint-Florentin, sur la gauche, et elle me l'a donnée en toute propriété. Ça vaut bien soixante mille francs.

— Alors te voilà riche ? dit Mignonne en souriant.

La candide jeune fille ne faisait même pas cette réflexion, que c'était peut-être avec son argent, à elle, que la Martine faisait ces libéralités.

Le Mulot poursuivit.

— Elle me donnerait bien encore cent mille francs, si nous pouvions arriver à ce que nous désirons tant.

— Et que désirez-vous donc tant ? demanda Mignonne.

— Réparer les injustices.

— Mignonne ne comprit pas.

— Faire du bien à la place du mal, continua le Mulot.

— Il est toujours facile de faire du bien, dit Mignonne avec sa naïveté charmante.

— Ça dépend de vous, en ce cas.

— De moi ?

Et Mignonne regarda le Mulot comme elle eût regardé une énigme vivante.

— Voyez-vous, mademoiselle, reprit le misérable, au jour d'aujourd'hui il ne suffit pas d'être un monsieur ou une demoiselle, il faut avoir de quoi. Sans argent, on n'aboutit guère. Avec de l'argent, on se fait toujours respecter.

— Tu crois? dit Mignonne.

Et elle eut un sourire doucement ironique.

— Voyez comme les choses changent en un rien de temps... Il y a seulement sept ou huit ans vous étiez une belle demoiselle et l'on disait que vous seriez un jour la plus riche héritière du pays. Moi, j'étais un pauvre diable.

— Oui, tu as raison, dit Mignonne; maintenant, toi, le pauvre diable, te voilà riche, et moi, l'héritière, je suis une pauvre petite maîtresse d'école.

Elle souriait avec une mélancolie sans amertume en parlant ainsi.

— Ah! mademoiselle... dit le Mulot, si vous vouliez, tout ça changerait, et ma sœur serait bien contente.

— Et comment veux-tu que cela change, mon pauvre Mulot? demanda Mignonne en hochant la tête.

— Si vous vouliez devenir ma femme...

Ce fut un coup de théâtre.

Mignonne se leva de sa chaise et poussa un grand éclat de rire, mais un éclat de rire si franc, si net, si moqueur, que le Mulot en fut tout déconcerté. La petite châtelaine avait reparu tout entière. Elle ne trouva pas un mot à répondre, mais elle continua à rire comme une folle.

Ce rire exaspéra le Mulot.

Les veines de son cou se gonflèrent, ses yeux s'injectèrent, tout son corps fut pris d'un tremblement nerveux.

En même temps, sa voix devint rauque, et il fit un pas vers la jeune fille en disant :

— Et si je vous aimais... moi ?

Sa figure était devenue hideuse et ses lèvres se frangeaient d'écume.

Il fit un pas encore, ajoutant :

— Et si je m'étais juré que vous serez ma femme !

Cette fois, Mignonne cessa de rire, et elle eut peur de cet homme, tant il était épouvantable à voir en ce moment.

— A moi ! cria-t-elle, comme si quelqu'un eût pu l'entendre ; à moi ! au secours !

— Bah ! dit le Mulot en ricanant, nous sommes seuls.

CHAPITRE XXXII

Mignonne épouvantée voulut s'élancer vers la porte de la classe et prendre la fuite.

Mais le Mulot se plaça devant.

— Non, dit-il, vous ne sortirez pas! je ne veux pas vous assassiner, ni vous voler, mais il faut que vous m'écoutiez...

La jeune fille se réfugia à l'autre extrémité de la pièce.

Le Mulot ne la suivit pas.

— Ecoutez, dit-il, je vous aime, et je veux vous épouser.

— Oh! murmura Mignonne en levant les yeux au ciel, cet homme est fou!

— Je ne suis pas fou, répondit le Mulot, mais quand j'ai mis quelque chose dans ma tête, il faut que ça soit.

Et il se frappa le front.

— Sortez ! s'écria la jeune fille indignée, sortez sur-le-champ.

— Et si je ne veux pas sortir, moi ? dit-il en ricanant.

Mignonne joignit les mains :

— Je vous en prie, dit-elle, sortez. Que vous ai-je fait pour que vous veniez m'insulter chez moi... me parler de ma pauvreté, maintenant que vous êtes riche ?... N'ai-je pas été bonne pour vous autrefois ? Et quand mon oncle voulait vous battre, n'ai-je pas souvent obtenu votre grâce ?...

Voyons, *monsieur*... fit-elle encore, comme si elle eût espéré le toucher par cet acte de déférence, n'abusez pas de votre force... de l'heure avancée... de mon isolement... Allez-vous-en... et je vous promets que je vous pardonnerai... que je ne parlerai à personne de ce qui est arrivé...

Elle joignait toujours les mains en parlant ainsi, et cette voix suppliante et douce eût attendri un autre homme que le misérable.

Mais le Mulot avait retrouvé toute son audace, et ce fut avec un rire cynique qu'il dit à la jeune fille :

— Je sais bien pourquoi vous ne voulez pas de moi ; oh ! je le sais bien...

— Je ne puis écouter vos paroles, dit-elle avec une dignité subite, parce que nous ne sommes pas faits l'un pour l'autre ; parce que, quoique vous prétendiez que l'argent est tout en ce monde, je suis la fille d'un officier, et vous êtes un vagabond, en dépit de cette for-'une qui vous est venue.

Le Mulot eut un rire d'ironie.

— Oui, dit-il, je ne suis qu'un paysan et vous êtes une demoiselle ; mais il y a huit jours vous m'auriez épousé tout de même, tandis qu'à présent vous regardez plus haut...

Mignonne ne comprit pas.

— C'est le beau monsieur du château qu'il vous faut ! dit encore le Mulot avec un accent de haine sauvage... Je vous ai rencontrés tout à l'heure vous promenant bras dessus bras dessous comme des amoureux...

— Misérable ! s'écria Mlle Paumelle.

Et l'indignation qu'elle éprouva fut si forte qu'elle domina son épouvante :

— Misérable ! répéta-t-elle, sortez, sortez sur-le-champ !

Il eut un rire féroce :

— Oh! dit-il, je ne suis pas un domestique qu'on met à la porte, et, si je m'en vais, c'est que ça me conviendra ; mais auparavant faut que je vous embrasse !... ça vaut bien ça.

Et, de nouveau, il fit un pas vers elle.

Mignonne jeta un nouveau cri, un cri de suprême angoisse.

— Mon Dieu! mon Dieu! venez à mon aide! mon Dieu, secourez-moi!

Et Dieu entendit sans doute sa prière, car au moment où le misérable jetait ses bras à son cou, au moment où, de ses lèvres hideuses et souillées, il allait effleurer le front de l'ange, un bruit se fit qui l'épouvanta et le fit reculer.

Ce bruit, c'était celui d'une clef qui tournait dans la serrure de la porte d'entrée.

C'était la veuve qui rentrait.

Mignonne était sauvée.

— Marianne! appela la jeune fille.

La veuve entra dans la classe et demeura stupéfaite à la vue du Mulot.

Le Mulot avait encore la sueur au front, le visage crispé, l'écume à la bouche, mais il avait reculé à distance respectueuse de la jeune fille.

Mignonne, par un effort surhumain, était redevenue maîtresse d'elle-même.

— Marianne, dit-elle, comme vous rentrez tard! N'éteignez pas votre lanterne et prêtez-la à monsieur... la nuit est noire... il en aura peut-être besoin pour rentrer chez lui.

Mais le Mulot s'élança vers la porte restée ouverte en disant :

— C'est pas la peine ! merci bien !

Puis, quand il eut franchi le seuil extérieur de la maison d'école, il reconquit son audace et cria :

— Bien le bonsoir !... vous aurez bientôt de mes nouvelles, et le beau monsieur du château aussi.

Marianne, ébahie, regardait la jeune fille.

Mignonne écoutait le bruit des pas du Mulot, qui s'éloignait.

— Oh! dit-elle alors; fermez la porte, fermez-la bien !

Et elle tomba évanouie dans les bras de la veuve, qui ne comprenait rien à tout ce qu'elle venait de voir.

....

Cependant le Mulot s'éloignait du pas d'un homme ivre.

Il avait des bourdonnements dans la tête,

du sang dans les yeux, et il était en proie à une telle surexcitation, qu'à vingt pas de la maison d'école, il s'assit sur une borne, comme si ses jambes eussent refusé de le porter plus longtemps.

Puis il mit sa tête dans ses deux mains et des larmes de rage jaillirent au travers de ses doigts.

— Je n'ai pas de chance aujourd'hui ! murmura-t-il.

Il demeura là peut-être un quart d'heure, ruminant dans sa tête des projets de vengeance et se heurtant à une impossibilité matérielle.

Se venger de M. Anatole de Misseny eût été facile le matin ; cela devenait maintenant à peu près impraticable, puisque la Martine refusait les six mille francs dont il avait besoin pour payer la créance des Jaubert.

Enfin, il était évident que Mlle Paumelle porterait plainte contre lui, que toute cette affaire parviendrait un jour ou l'autre aux oreilles de la Martine.

Alors encore, qui sait si la Martine furieuse voudrait de la transaction qu'elle avait proposée ?

Le Mulot, hors de lui, croyait toujours entendre résonner à son oreille ce rire moqueur de la jeune fille écoutant sa déclaration d'amour.

Il n'aimait plus Mignonne en ce moment, il la haïssait; il eût voulu pouvoir la fouler aux pieds.

Des rires et des éclats de voix parvinrent jusqu'à lui.

Il leva la tête et reconnut que ces voix bruyantes et ces éclats de rire venaient du café de l'Univers, tout à l'heure désert et triste.

M. Jouval était sans doute arrivé, et la bande de ses courtisans l'entourait.

Dans l'état de déconvenue d'esprit et de rage folle où se trouvait le Mulot, il avait besoin de bruit pour s'étourdir.

Il se leva, courut au café de l'Univers et y entra.

M. Jouval était arrivé, en effet, par la voiture de dix heures, et sa cour habituelle l'entourait.

— Ah! dit le marchand de biens en voyant entrer le Mulot, voici notre nouveau voisin.

Le Mulot vint s'asseoir à sa table.

Il avait un air si farouche que M. Jouval s'en aperçut.

— Qu'est-ce que vous avez donc, jeune homme ? lui demanda-t-il.

— J'ai mal aux dents, répondit le Mulot à tout hasard.

— C'est un mauvais mal, dit le père Boutteville.

— Je sais un remède, moi, dit M. Jouval.

— Ah ! fit le Mulot d'un air distrait.

M. Jouval se mit à rire et continua :

— Je suis médecin à mes heures, tel que vous me voyez, et si ce jeune homme veut, je vais lui donner une consultation.

— Je veux bien, murmura le Mulot.

— Mais, dit M. Jouval, à une condition.

On le regarda avec un certain étonnement.

— C'est que ma consultation sera secrète.

Et il prit le Mulot par le bras et l'emmena à l'autre bout du café.

Le Mulot, qui pensait à tout autre chose, se laissa faire.

Quant aux autres habitués du café de l'Univers, ils se mirent à rire. M. Jouval, quand il ne *protestait* pas contre quelque chose ou quelqu'un, était un homme d'humeur assez joviale, et il avait même la réputation d'un gros farceur.

On pensa qu'il allait faire au Mulot quelqu'une de ces délicieuses plaisanteries d'estaminet qui posent à tout jamais un homme comme éminemment spirituel.

On le suivit donc des yeux, lui et la prétendue victime, mais on se tint à distance.

M. Jouval ne riait pas, pourtant.

Sur son ordre on lui apporta un second verre de vin chaud et on versa du rhum à M. Maurel.

Alors M. Jouval dit tout bas :

— Mon jeune ami, vous savez que le mal de dents a un autre nom.

— Ah ! fit le Mulot avec indifférence.

— Cela s'appelle encore le *mal d'amour*.

Le Mulot tressaillit des pieds à la tête, et une légère rougeur colora ses joues.

— Là, dit M. Jouval, je vous y prends ; vous n'avez pas le mal de dents proprement dit, mais le mal d'amour.

— Peut-être bien, murmura le Mulot.

— Si vous voulez être franc avec moi, poursuivit le marchand de biens, vous aurez raison, car je suis homme de bon conseil.

Le Mulot regarda cet homme, et un instinct secret lui dit qu'il avait peut-être en lui un auxiliaire.

— Mon jeune ami, continua M. Jouval,

j'habite la Grande-Rue, juste en face de la maison d'école des filles.

Le Mulot, de rouge qu'il était, devint pâle.

— Le soir, continua M. Jouval, je fume souvent ma pipe à la fenêtre et sans lumière, ce qui fait que je vois tout ce qui se passe dans la rue et que personne ne songe à moi.

Le Mulot changea de couleur une seconde fois.

— Vous vous promenez bien souvent depuis quatre ou cinq jours sous les fenêtres de la maison d'école, mon jeune ami.

— Ah! vous croyez...., balbutia le Mulot.

— Et j'en conclus que vous êtes amoureux...

M. Jouval avait un sourire si bénin, une figure si paternelle en parlant ainsi, que le Mulot fut décidé à s'ouvrir à lui. Seulement, de même qu'il avait fait un premier mensonge à Mlle Paumelle, il crut, pour le bien de sa cause, devoir en faire un second à M. Jouval.

— Je ne m'en dédis pas, dit-il franchement.

— Ah! vous voyez bien...

— Et si vous ne deviez pas vous moquer de moi...

— Mais pourquoi donc?...

— Je vous dirais franchement la chose.

— Eh bien, parlez, mon garçon, dit M. Jouval, et croyez bien que si je peux vous rendre service...

Ces mots achevèrent d'encourager le Mulot. D'ailleurs il était si ahuri, qu'il se fût au besoin confié au premier venu.

— Voici la chose, dit-il : Vous savez que la maîtresse d'école est la nièce de M. Richaud, le quasi-mari de ma sœur.

Quasi était un joli mot. M. Jouval pensa qu'il était poli de rire un peu.

Le Mulot reprit :

— Quand ma sœur n'était que domestique, j'allais déjà à la Renardière, cette demoiselle était toute jeune, et elle jouait avec moi comme une camarade. Ça fait que peu à peu j'en suis tombé amoureux... Seulement, à cette époque-là, je ne me rendais pas bien compte... Et puis elle était une demoiselle, et je n'avais pas de souliers...

Mais voilà que le commandant vient à mourir, que ma sœur hérite de tout... que la demoiselle n'a plus le sou... moi qui l'aimais toujours, je me révolte... car c'est une canaille, ma sœur, voyez-vous? d'avoir ainsi entortillé ce vieux bonhomme!

M. Jouval ne répondit pas, mais il eut un moment d'inquiétude.

— Après? dit-il enfin.

— Alors, moi, dit le Mulot, j'ai pensé que si je pouvais réparer le tort qu'on a fait à la demoiselle...

— Cette pensée est celle d'un honnête homme, dit sentencieusement M. Jouval.

Ce fut au tour du Mulot à éprouver une légère inquiétude, et il regarda M. Jouval dans le blanc des yeux, comme M. Jouval l'avait regardé.

Ces deux coquins n'avaient plus qu'une crainte : se trouver réciproquement honnêtes!...

Heureusement M. Jouval rendit d'un mot la situation plus nette.

CHAPITRE XXXIII

— Mon ami, dit M. Jouval, l'honnêteté est une belle chose, mais, comme en tout, il n'en faut que modérément.

Le Mulot respira.

— Voyez-vous, continua le marchand de biens, nous vivons dans un temps où l'argent est maître et seigneur.

— Oh! ça, c'est vrai, fit le Mulot.

— Je ne vous blâme pas d'aimer la petite maîtresse d'école et de vouloir en faire votre femme; mais si vous faites cela, faut que la chose vous rapporte.

— Comment donc ça? demanda le Mulot qui prit un air naïf.

— Suivez bien mon raisonnement, dit
M. Jouval. Voici comme j'entends la chose.

— Voyons.

— Votre sœur a eu un enfant du vieux Richaud, et elle s'est fait donner tout le bien ;
la petite n'a rien dit; mais, à sa place, supposez un neveu qui ait eu un peu de nerf, comme
on dit, moi, par exemple !

— Qu'est-ce que vous auriez fait ? demanda
naïvement le Mulot.

— J'aurais attaqué le testament.

— Ah bah !

— Et j'aurais peut-être gagné...

— Oh !

— C'est comme je vous le dis.

— Le commandant était peut-être bien le
maître de son bien ? dit le Mulot.

— D'accord, mais il pouvait épouser votre sœur

— C'est vrai.

— Ou tout au moins reconnaître son enfant;
et il n'a fait ni l'un ni l'autre.

— Il n'a pas eu le temps.

— Soit. Mais on a prétendu qu'il avait fait
un second testament.

Et M. Jouval regarda pour la seconde fois
le Mulot dans le blanc des yeux.

Le Mulot ne sourcilla point.

— Ce testament ne se retrouve pas. Je ne crois pas tout ce qu'on dit; mais enfin un tribunal en tiendrait peut-être compte.

— Vous croyez?

— Par conséquent, écoutez bien le conseil que je vais vous donner, mon garçon.

— Je vous écoute, monsieur.

— Tâchez d'abord d'épouser la maîtresse d'école.

— Bon!

— Puis, quand elle sera votre femme, attaquez le testament, vous verrez que la Martine transigera.

Le Mulot écoutait, ravi. Les paroles de M. Jouval lui ouvraient un nouvel horizon.

— Mais pour tout ça, dit-il, il faut de l'argent.

— Bah! dit M. Jouval, en clignant de l'œil, quand vous en serez là, si vous n'avez pas d'argent, venez me trouver.

Le Mulot regarda M. Jouval, qui le regardait, et ces deux hommes se comprirent.

— Ma foi! monsieur, dit le Mulot, puisque vous me témoignez autant d'intérêt, faut que je vous dise tout.

— Parlez, je vous écoute.

— J'ai bien peur de ne jamais épouser la maîtresse d'école.

— Elle est peut-être fière...

— Je crois plutôt qu'elle a déjà la tête tournée et qu'elle pense à quelqu'un...

— A qui donc?

— ... Et que quelqu'un pense à elle...

M. Jouval ouvrit de grands yeux.

— Un monsieur du château, dit le Mulot.

— M. Anatole?

— Oui.

Et le Mulot, qui entrait décidément dans la voie des aveux, raconta ce qu'il avait vu et entendu, et le peu de succès de sa démarche auprès de Mlle Paumelle. M. Jouval, fronçant le sourcil, l'écouta attentivement.

— Ceci est grave, dit-il, d'autant plus que M. Anatole qui n'a pas le sou pourrait bien avoir déjà fait le calcul dont je vous parlais tout à l'heure.

— D'attaquer le testament?

— Oui.

— Oh! dit le Mulot avec un éclair de haine dans les yeux, si je pouvais le tuer!

— Ce serait bien inutile, dit M. Jouval. Il vaudrait mieux lui faire quitter le pays... Mais comment? On lui donnerait le triple de son bien qu'il ne voudrait pas le vendre... Il y a bien longtemps même que j'avais songé à ache-

ter le château, vu que je voulais l'habiter...
mais il m'a ri auz ne quand je lui en ai parlé.
Il n'a pas de dettes... Une année qu'il était
très-gêné, je lui ai proposé de lui prêter de
l'argent... S'il avait accepté, je le tenais... à
l'échéance, il n'aurait pas pu payer, et je le
faisais vendre, mais il a refusé.

— Bah! dit le Mulot, il aurait trouvé à emprunter pour vous rembourser.

M. Jouval eut un sourire qui résumait la mystérieuse domination qu'il exerçait dans le pays.

— Et qui donc aurait osé lui en prêter? dit-il. On ne fait ici, pour l'argent bien entendu, que ce que je veux.

— Mais on dit qu'il a des dettes?

— Une seule. Il doit six mille francs, dont il paye régulièrement l'intérêt et dont on ne lui réclamera jamais le capital.

Le Mulot demeura impassible. M. Jouval poursuivit:

— Les créanciers ne sont pas riches pourtant, ils ont bien du mal même à se tirer d'embarras, car ce sont des fermiers. Mais quand je leur ai fait offrir un bénéfice pour me céder leur créance, ils s'y sont refusés, se doutant bien que je voulais faire vendre M. Anatole.

Le Mulot eut alors un mystérieux sourire :

— Eh bien, moi, dit-il, je connais des gens plus malins que vous.

— Comment ça?

— Et qui ont trouvé le moyen de se faire transporter la créance sans un sou de pot-de-vin.

— C'est impossible! exclama M. Jouval.

— C'est vrai, dit froidement le Mulot.

— On vous aura conté une histoire, dit encore M. Jouval.

— Oh! pour ça non, fit le Mulot, car celui à qui on a transporté la créance, c'est moi!...

M. Jouval fut si abasourdi qu'il faillit renverser son verre et la table qui le supportait.

— Et cela, pas plus tard qu'avant-hier, dit le Mulot.

— Mais comment avez-vous fait?

Le Mulot en avait trop dit pour reculer, et il aima tout autant se livrer entièrement à M. Jouval.

Il ne lui cacha rien.

Ni sa haine instinctive et féroce pour M. Anatole, ni la pensée qu'il avait eue tout d'abord d'acheter le château pour le faire partir du pays, ni la manière dont il avait été reçu par lui, ni la pensée qu'il avait eue d'acheter cette créance, et comment, prévenu par le maître Jacques de M. de Saint-Jullien, il avait si bien joué son rôle que le père Jaubert avait été dupe de sa bonhomie.

— Malheureusement, dit-il en achevant, je ne me suis trompé que pour une chose.

— Laquelle?

— Je pensais que ma sœur me prêterait les six mille francs.

— Et elle vous les a refusés?

— Oui.

— Tant mieux, dit M. Jouval qui parut charmé de ce résultat.

— Pourquoi?

— Mais, parce que, si votre sœur s'est mal conduite avec vous, vous n'aurez plus de motif pour la ménager plus tard, quand vous aurez épousé la maîtresse d'école.

— Mais, monsieur, dit le Mulot, avec tout ça je n'ai pas les six mille francs.

— Je vous les prêterai.

— Vous!

— Parbleu! mais vous poursuivrez sur-le-champ et j'achèterai le château, par exemple!

— Et vous croyez que M. Anatole ne trouvera pas d'argent?

— Pas un radis dans les environs. Et puis, je vous enverrai à mon huissier. C'est un gaillard qui mène rondement les affaires, et M.

Anatole n'aura pas le temps de se reconnaître ; il sera exécuté avant d'avoir crié ouf !

Le Mulot regarda M. Jouval. M. Jouval était sérieux.

— Ne jasons plus de tout cela pour aujourd'hui, dit-il, on finirait par se douter de quelque chose. Mais venez déjeuner chez moi demain matin. Et puis dormez tranquille relativement à la petite maîtresse d'école ; si je me mets en tête que vous l'épouserez, vous pouvez dès aujourd'hui regarder la chose comme faite.

Le Mulot tressaillit d'aise par toute sa hideuse personne.

M. Jouval lui serra la main, ajoutant : « A demain ! » et il s'en alla.

. . . .

Et il s'en allait, en effet, l'esprit calme et tout entier à de nouvelles machinations ténébreuses.

Maintenant il n'avait plus besoin de la Martine ; il se moquait même d'elle ; sans compter qu'il lui ferait passer quelques mauvais moments lorsqu'il aurait épousé Mlle Paumelle.

Du moment où M. Jouval, dont la fortune était trois fois plus considérable que celle de la Martine, se mettait dans son jeu, le Mulot voyait la partie gagnée.

Il revint donc chez lui en sifflotant et se

dandinant, aussi joyeux maintenant que tout à l'heure il était triste et découragé.

Il voyait déjà M. Anatole quittant piteusement le pays, Mlle Paumelle consentant à l'épouser, la Martine épouvantée de voir attaquer le testament, faisant toutes les concessions pour arriver à une transaction amiable, et il termina son monologue intérieur par ces mots :

— Je me fiche joliment de ses cinquante mille francs, à présent !

Néanmoins il n'est pas de félicité sans bornes, de bonheur sans inquiétude, pas plus qu'il n'est de ciel sans nuage. Le Mulot devait, comme on va le voir, en faire l'expérience immédiate. Comme il entrait dans la cour de Bellevue, il aperçut un être humain accroupi dans une posture bestiale, devant le seuil de la porte.

C'était la Chevrette.

Elle avait pris goût à l'hospitalité de *son homme*, comme elle disait, et elle y revenait.

Elle se dressa même un peu timide, en le voyant, car elle était partie en se moquant de lui, et elle craignait qu'il ne fût fâché.

Mais, outre que le Mulot était content, il fit tout de suite un petit calcul qui dénotait un homme pratique et qui le poussa à bien recevoir la Chevrette et à se laisser embrasser de bonne grâce.

— Ah! te voilà, ma chèvre, dit-il, tu tombes joliment bien aujourd'hui.

— C'est-y vrai? fit la Chevrette avec joie.

— J'ai flanqué la Dorothée à la porte.

— Pourquoi donc ça?

— Oh! des histoires... je te dirai ça.

— Ça fait que tu es tout seul?

— Oui, et j'ai pensé que si tu voulais être ma servante, ça irait tout seul.

Le Mulot, en parlant ainsi, se disait : Il n'y aura pas de gages à lui donner à celle-là.

La Chevrette ne se formalisa point de la proposition, mais elle répondit :

— Ce n'est pas pour ça que je suis venue.

— Je le pense bien.

— Je voulais te parler.

— De quoi?

— Rapport à Rossignol l'Ecureuil.

A ce nom le Mulot tressaillit.

La Chevrette continua :

— Voici trois fois de suite que je le rencontre dans les *Malzigues*.

Les Malzigues étaient ce canton de la forêt où on avait retrouvé le cadavre du malheureux Saurin.

— Il braconne donc par là, maintenant?

— Je ne crois pas qu'il braconne, vu qu'il n'a pas de fusil.

— Alors il pose des collets?

— Tu sais bien que c'est la niche aux marcassins, et on ne prend pas de ce gibier-là avec des collets.

— Alors que vient-il y faire?

— Je ne sais pas, dit la Chevrette, mais quand il m'a vue, il s'est éloigné à toutes jambes... seulement....

La Chevrette hésita.

— Mais parle donc! fit le Mulot avec impatience.

— Tu sais que c'est par là que... la chose est arrivée?

— Oui.

— Eh bien, je crois bien qu'il est en *doutance* que c'est nous qui avons fait le coup.

Le Mulot tressaillit, son tremblement nerveux le reprit. Mais il fit bonne contenance:

— Bah! dit-il, s'il parvient jamais à le prouver, il sera malin. Mais il est temps de dormir, voilà qu'il est minuit....

Et il mit la grosse clef dans la serrure de la porte.

CHAPITRE XXXIV

Quinze jours s'écoulèrent.

Ceux qui ont mené la vie solitaire des champs et des grands bois ont remarqué bien souvent que le calme le plus absolu précède toujours la tempête.

Le vent se tait, le ciel est rouge à l'horizon.

Pas un souffle d'air, pas un bruit.

L'oiseau s'est réfugié dans les buissons et n'en bouge; le lièvre frissonne dans le sillon qui lui sert de gîte. Quelques corbeaux traversent l'espace et ne coassent plus, planant à des hauteurs si considérables que leurs ailes mêmes sont muettes.

Ce silence a quelque chose de sinistre.

La nature recueillie éprouve une morne épouvante. L'orage, que rien n'annonce en apparence, est proche, et chacun le devine.

Enfin, dans les bois, s'élève un murmure confus d'abord et si vague qu'on ne saurait le définir ; puis le murmure s'enfle et s'emplit et devient sonore, comme un roulement lointain de tambours mêlé à des éclats de clairon.

Puis encore, tout à coup, le ciel qui était bleu au zénith se couvre de nuages gris d'abord, plombés ensuite, et qui deviennent bientôt noirs. Le corbeau qui fuyait à tire-d'aile, oiseau de sinistre augure, la fauvette muette en son buisson, le lièvre grelottant en son gîte, ne s'étaient pas trompés.

L'orage rugit et se déchaîne, l'éclair succède à l'éclair ; le vent fait entendre sa grande voix ; la pluie tombe soudain à torrents et bientôt la forêt se jonche d'arbres déracinés, et la plaine devient une mer immense.

Ainsi de la vie.

Le calme est précurseur de la tempête, l'heure du repos précède l'heure affolée des tourments du cœur, et celui qui s'est endormi paisible et confiant dans l'avenir, s'éveille en proie aux plus mornes désespérances.

Ces quinze jours qui venaient de s'écouler,

à la suite de ce pacte mystérieux conclu entre M. Jouval et le Mulot, avaient eu cette tranquillité du sombre présage.

L'hiver s'était adouci et le soleil de janvier avait la chaleur d'un soleil d'avril.

Les travaux des champs repris peu à peu absorbaient assez les plus oisifs de Saint-Florentin, pour que le soir le café de l'Univers fût veuf de ses plus beaux esprits. Ulysse le tonnelier achetait du gaulis en forêt pour faire des cercles ; le père Boutteville avait quitté Saint-Florentin pour une de ses fermes ; M. Jouval était à Orléans, et on ne voyait plus le Mulot.

Le drôle chassait du matin au soir avec les bassets achetés aux Jaubert.

M. Anatole et sa vieille tante recevaient deux ou trois fois par semaine la jeune maîtresse d'école, et le bon curé Duval avait repris sa vie toute de charité et de dévouement.

Enfin on n'avait plus entendu parler, même à la Grenouillère, chez Rose Métivier, de Rossignol, dit l'Ecureuil.

Mignonne et M. Anatole continuaient à rougir en se regardant ; et cependant le jeune et timide gentilhomme n'était jamais sorti avec la jeune fille des bornes du plus profond respect.

Mlle Paumelle n'avait parlé à personne, pas même au curé, de ce dangereux tête-à-tête qu'elle avait eu avec le Mulot, et elle avait fait jurer à la veuve qui lui servait de femme de ménage de n'en jamais ouvrir la bouche.

Néanmoins, bien que le Mulot n'eût pas reparu, semblable à la fauvette qui craint l'orage, Mignonne avait des pressentiments et des tristesses sans nombre.

Pressentiments et tristesses vaguement partagés par M. Anatole de Misseny, qui n'avait jamais été plus mélancolique.

La Renardière était également devenue un foyer d'appréhensions mystérieuses.

La Dorothée, chassée par le Mulot, y était revenue.

La Martine, en apprenant cet acte d'énergie de son frère, avait éprouvé une violente colère qui n'était pas dépourvue d'inquiétude.

Le Mulot n'avait plus reparu.

La Martine, ombrageuse comme toutes les consciences timorées, se disait depuis quinze jours : — Il manigance quelque chose contre moi !

Si le Mulot était revenu un beau matin, il aurait eu peut-être les six mille francs et autre chose avec. Mais le Mulot paraissait ne plus se souvenir de sa sœur. Il partait à la chasse de grand matin, ne revenait que fort tard et n'avait pas repris de servante.

La Chevrette était revenue deux ou trois fois, par bonds et sauts, comme une véritable fille sauvage qu'elle était.

Mais elle s'en était allée comme elle était venue, satisfaite d'avoir vu son homme, d'avoir mangé dans des assiettes avec une cuiller et une fourchette, et ne demandant rien de plus.

On continuait à voir le Mulot de temps en temps au café de l'Univers.

Mais il faisait un détour pour ne point passer devant la maison d'école.

Mais, si Ulysse le tonnelier ou le père Boutteville, toujours flatteur, engageaient la conversation sur Mlle Paumelle ou M. Anatole de Misseny, il leur tournait le dos.

Ce calme annonçait une tempête prochaine, et la tempête devait bientôt éclater.

Elle commença, comme tous les orages, par un signe précurseur.

Les corbeaux fuyant à tire-d'aile sont les hérauts des bouleversements de la nature.

Un petit homme vêtu de noir, portant

tuyau de poêle graisseux sur la tête et portefeuille de maroquin sous le bras, conduisant un méchant tilbury attelé d'un maigre cheval, fut le premier messager de cette tempête morale.

Cet homme entra dans Saint-Florentin à quatre heures de relevée, comme disent les gens de justice, et prit le chemin *du château.*

Cela se passait un samedi, jour de marché à Saint-Florentin.

Comme on avait gagné la fin de janvier, les jours avaient grandi et la nuit était loin encore.

Le vieux tilbury, le maigre cheval et le petit homme passèrent devant le café de l'Univers.

M. Jouval était sur la porte.

Il échangea un salut avec le petit homme.

Un salut amical et un sourire à faire frémir.

Pendant sa marche à travers la grand'rue, encore encombrée de bestiaux, de sacs de grains et de charrettes à fourrage, le petit homme reçut vingt coups de chapeau.

Mais ces saluts n'avaient rien d'amical, ils étaient plutôt la manifestation d'une terreur secrète.

En même temps, fermiers, valets de charrue, bourgeois et marchands murmuraient tout bas :

— Chez qui va-t-il donc, monsieur Loiseau?

Et on le suivait des yeux avec anxiété.

Jamais homme jouissant du triste renom de jettator et traversant une ville de l'Italie méridionale n'avait été regardé avec plus d'épouvante.

— Où peut-il donc bien aller, monsieur Loiseau? répétait-on.

Et cette question retentit aux quatre coins du café de l'Univers.

En même temps, on regardait M. Jouval avec un redoublement d'inquiétude, comme s'il y eût eu entre lui et le mystérieux personnage quelque accointance plus mystérieuse encore.

Mais M. Jouval, qui tenait beaucoup à sa popularité, devina le sentiment public et répondit :

— Ma foi ! je n'en sais rien... ce n'est pas pour moi qu'il travaille.

On respira plus à l'aise dans le café.

M. Jouval poursuivit :

— Ce pauvre Loiseau, il ne se fait pas jeune tout de même.

— Puisse-t-il crever comme un chien, et le plus tôt sera le meilleur ! grommela un paysan dans un coin.

C'était un campagnard qu'on ne voyait à Saint-Florentin que les jours de marché.

M. Jouval haussa les épaules :

— Chacun son métier, dit-il.

— Oh! c'est égal, monsieur Jouval, et sauf votre respect, voyez-vous, dit le père Boutteville, ce brigand de Loiseau fait son métier un peu trop bien. Là où les autres mettent trois mois, il aboutit en trois semaines. C'est un coquin fieffé, entre nous.

— Mais pourquoi donc ça?

— Parce que tous les moyens lui sont bons, reprit le paysan, et pour cinquante francs il n'est pas gêné de vous faire deux cents francs de frais.

— Il faut que les huissiers vivent, dit M. Jouval. S'il n'y avait pas de débiteurs, il n'y aurait pas d'huissiers.

Le grand mot était donc lâché.

Cet homme devant lequel on s'inclinait avec un sentiment de terreur, et qu'on accompagnait ensuite de malédictions et de sourdes menaces, était un huissier.

Maître Loiseau, successeur de maître Cabrol, huissier audiencier près la justice de paix et les tribunaux, le plus redoutable officier ministériel du département, l'homme qui se chargeait des causes désespérées, c'est-à-dire des débiteurs insolvables, et en tirait de l'argent.

En province l'huissier est bonhomme d'ordinaire.

C'est souvent un jovial garçon, chasseur, pêcheur, bon vivant, qui quelquefois tire d'affaire, en lui prêtant de l'argent, le pauvre diable qu'il est obligé de poursuivre.

Maître Loiseau n'avait jamais eu semblable réputation.

Depuis trente ans qu'il exerçait, il n'avait jamais eu une heure de pitié.

Quand il entrait dans un village, on était certain que le soir on entendrait des sanglots et des cris de désespoir.

Tous les consommateurs s'étaient précipités du fond du café sur le seuil de la porte pour le suivre des yeux.

Mais, tout à coup, ce fut un cri d'étonnement, presque de stupeur.

L'affreux tilbury venait d'entrer dans l'allée d'ormes centenaires qui conduisait au château.

Que pouvait aller faire Mᵉ Loiseau chez M. Anatole de Misseny?

Il y eut comme un frisson général, et ce frisson gagna même ceux qui n'étaient pas les partisans du château,

Le père Boutteville, un peu ému, se hasarda à dire :

— M. Anatole n'a pourtant qu'une dette de six mille francs.

— C'est bien assez pour que Loiseau travaille, ricana M. Jouval.

— Et comme c'est les Jaubert qui sont les créanciers...

— Vous vous trompez, dit M. Jouval. Les Jaubert sont mal dans leurs affaires; M. de Saint-Jullien les poursuit, et ils ont été obligés de vendre leur créance.

— A qui donc ? demanda le père Boutteville.

M. Jouval feignit de ne pas avoir entendu la question.

— Ça ne fait rien, dit un paysan, si M. Anatole a besoin de six mille francs, il les trouvera...

— Et chez qui donc ? fit M. Jouval.

En même temps il se redressa et jeta autour de lui un véritable regard d'oiseau de proie qui fit baisser les yeux à tout le monde.

Grands ou petits cultivateurs, pauvres ou riches, M. Jouval les tenait tous.

Il avait su prêter de l'argent à tout le monde, et on savait bien qu'il ne fallait pas jouer contre lui.

— Hé! hé! monsieur Jouval, fit Ulysse le tonnelier d'un ton rusé, auriez-vous par hasard envie du château?

— Ça se pourrait bien, répondit M. Jouval.

Un nouveau frisson parcourut l'assemblée, et les partisans de M. Anatole de Misseny estimèrent qu'il était perdu!

CHAPITRE XXXV

Cependant les hôtes du château vivaient dans une quiétude parfaite.

M¹¹ᵉ de Misseny rêvait toujours d'une héritière pour son beau neveu et stimulait le zèle de M¹¹ᵉ Paumelle qui travaillait avec ardeur à la tapisserie commencée.

Anatole était trop heureux de la présence de la jeune fille au château pour ne point s'abandonner à un optimisme complet.

Seule, M¹¹ᵉ Paumelle avait parfois des tristesses inexplicables et des pressentiments qui demeuraient inexpliqués.

Parfois, fermant les yeux, elle revoyait la hideuse figure du Mulot toute grimaçante et animée par le cynisme des passions brutales,

Alors elle avait peur...

Mais à qui confier ses craintes et ses terreurs ?

Un moment elle avait songé à s'ouvrir au bon curé Duval et à lui raconter cette étrange scène dont la maison d'école avait été le théâtre.

Mais un sentiment de pudeur et d'orgueil, tout à la fois, faisait aussitôt monter le rouge à son front.

A la pensée qu'il lui faudrait avouer que le Mulot avait osé lever sur elle un regard effronté, Mignonne sentait se révolter tout son être, et sa fierté souffrait si cruellement qu'elle gardait le silence.

Le samedi, jour de marché, les écolières avaient congé à partir de trois heures.

Mlle Mignonne était donc venue ce jour-là plutôt qu'à l'ordinaire.

Quand elle entra dans le salon, elle aperçut M. Anatole assis à l'un des coins de la cheminée, lisant.

A l'autre coin, Mlle de Misseny s'était endormie dans son fauteuil.

La vieille demoiselle dormait.

On avait déjeuné un peu plus tard qu'à l'ordinaire, et la sieste quotidienne, qui finissait ordinairement à deux heures, durait encore à trois et demie.

M. Anatole mit un doigt sur ses lèvres.

Mignonne entra sur la pointe du pied.

Les deux jeunes gens se saluèrent en rougissant ; puis M. Anatole reprit son livre, et Mignonne, qui ne faisait pas plus de bruit qu'un papillon, alla chercher le métier à tapisserie derrière le vieux paravent à dessins chinois qui abritait la vieille demoiselle des courants d'air.

Cette dernière dormait si paisiblement et si bien que tout ce remue-ménage ne l'éveilla point.

Il est vrai que Mignonne glissait sur le parquet avec la légèreté d'une petite fée.

Elle plaça son métier entre la bergère de la vieille demoiselle et le fauteuil de M. Anatole ; puis elle s'assit devant et prit son aiguille et sa laine. M. Anatole continuait à lire ; mais sans doute il n'y tirait pas grand profit de sa lecture, car son regard passant souvent au-dessus de son livre allait caresser furtivement la chevelure blonde et le front candide de Mignonne.

Mignonne travaillait activement et ne levait pas les yeux.

Cependant, comme la vieille demoiselle dormait toujours, Anatole se décida à parler :

— Mademoiselle, dit-il tout bas, quel est le

fauteuil auquel vous travaillez en ce moment?

— C'est le onzième, monsieur, répondit Mignonne.

— Comment ! il y en a dix de faits !

— Oui, monsieur.

— Et plus qu'un à faire?

— Oui, monsieur.

Anatole soupira, puis, après un silence :

— Mais le canapé n'est pas achevé?

— Oh ! de bien peu s'en faut; avant la fin de l'hiver, dit Mignonne, tout sera terminé.

Anatole soupira encore, puis il sembla faire un effort et dit en souriant :

— Connaissez-vous l'histoire de la reine Pénélope ?

— Certainement, dit Mignonne, elle défaisait la nuit ce qu'elle avait fait le jour de sa broderie.

— Vous devriez bien l'imiter.

— Et pourquoi donc? demanda naïvement Mignonne.

— Mais, parce que ce meuble n'est nullement pressé, dit Anatole.

Mignonne rougit, puis baissant les yeux :

— Ce n'est pas ce que dit mademoiselle votre tante.

— Ma tante rêve des choses impossibles, répondit brusquement Anatole.

Mignonne ne répondit pas.

Ce silence piqua le jeune gentilhomme.

— D'ailleurs, dit-il, je ne veux pas me marier.

Mignonne eut un battement de cœur et sa main poussa l'aiguille avec une ardeur fébrile.

Il y eut un nouveau silence entre les deux jeunes gens.

M. Anatole le rompit encore.

— Ma tante, dit-il, rêve pour moi une alliance de nom et d'argent. Elle voit tout cela à travers son imagination et son cœur. Mais les héritières de notre temps recherchent peu un mari pauvre, si honorable que son nom puisse être; et quant à moi, j'estime qu'un galant homme qui est pauvre ne doit point épouser une femme riche. C'est un marché; et le mariage ne doit pas être une affaire, mais bien l'union de deux êtres qui s'aiment, s'estiment réciproquement et veulent être heureux.

Le cœur de Mignonne éclatait. Cependant elle n'interrompit point son travail et ne souffla mot.

Anatole continua :

— Voyez-vous, mademoiselle, le bonheur ne consiste point dans la fortune, mais dans l'union de deux êtres qui se comprennent. Ah! dit-il encore en soupirant, si ma tante connaissait ma pensée tout entière... si j'osais la lui dire...

En parlant ainsi, il quitta son livre et se pencha sur le métier de Mignonne.

Mignonne jeta un regard désespéré sur la vieille demoiselle, qui dormait toujours.

Anatole s'enhardissait peu à peu.

— Je sais, dit-il tout bas, une jeune fille bonne, charmante autant que belle et vertueuse, qui n'aurait qu'un mot à dire pour devenir la reine et la fée de cette humble maison.

En même temps, il osa prendre la main de la jeune fille et y mettre un respectueux baiser.

Mignonne jeta un petit cri d'effroi et dégagea vivement sa main.

Mlle de Misseny dormait toujours.

La pauvre institutrice, après avoir retiré sa main, leva sur M. Anatole un regard plein de reproche.

— Ah! monsieur le baron, dit-elle, c'est mal... c'est bien mal...

Et elle avait les yeux pleins de larmes.

Mais Anatole avait fait appel à son grand courage, et il était décidé à aller jusqu'au bout.

— Ah! mademoiselle, dit-il, si vous saviez combien je vous aime!

Mignonne le regarda avec une douceur pleine de dignité, et répondit simplement :

— Je vous crois, monsieur; mais il faut résister à ce sentiment. Vous vous devez à votre nom, à votre race. Je suis une pauvre fille d'origine bourgeoise, sans parents, sans fortune, et je ne suis pas faite pour m'appeler jamais la baronne de Misseny.

Elle disait cela avec tristesse et fermeté, et certes elle le pensait, l'honnête fille du bon Dieu qu'elle était. Insensiblement, Anatole avait glissé de son fauteuil et s'était agenouillé auprès du métier de tapisserie.

— Mademoiselle, disait-il, je vous jure que jamais je n'aurai d'autre femme que vous.

Et il avait repris la main de Mignonne, et, une fois encore, il allait y imprimer ses lèvres, lorsque deux autres mains s'ouvrirent et se posèrent en même temps sur la tête de la jeune fille et sur celle du bel amoureux.

Puis une voix douce et un peu moqueuse murmura :

— Ah! petits sournois, vous avez donc cru que j'avais le sommeil bien dur!

C'était Mlle de Misseny qui venait de rouvrir les yeux.

Mignonne jeta un cri et tomba aux genoux de la vieille demoiselle.

Anatole se leva tout effaré.

Mais la bonne tante souriait et les regardait tous deux, comme si elle eût voulu se faire un plaisir innocent de leur confusion.

— Ah! reprit-elle, vous vous aimez donc, mes pauvres enfants?

Puis, avec un sourire plus indulgent et plus doux :

— Cela devait être, vous êtes jeunes et beaux tous deux. Toi, mon paladin, tu as de grands yeux mélancoliques et qui disent toute l'ardeur de ton âme. Et toi, ma Mignonne, tu es si bien nommée, avec tes petites joues roses, tes yeux bleus et tes mains de madone! Si vous vous aimez, c'est que Dieu l'a voulu, et il ne faut pas lui désobéir...

Alors, de ses deux mains étendues, elle rapprocha les deux têtes de Mignonne et d'Anatole, disant encore :

— Vous serez pauvres, mes enfants, mais la vie est douce à ceux qui s'aiment... Mettez-vous à genoux devant moi... je vais vous bénir.

Mignonne pleurait à chaudes larmes.

Mais, à travers ses larmes, brillait un sourire, — le rayon de soleil qui se dégage un soir de printemps à travers la pluie et glisse sur l'herbe mouillée.

— Ah! ma tante, ma bonne tante! murmurait Anatole suffoquant de joie.

— Mes amours, dit la vieille demoiselle, il ne faut pas reculer votre bonheur; à quoi bon? Je vais envoyer dire à notre bon curé Duval qu'il vienne souper avec nous. Dimanche on publiera vos bans, et dans trois semaines vous serez mariés.

....

Et ce fut au moment où la vieille demoiselle faisait si noblement le sacrifice de ses rêves d'ambition, de fortune et d'avenir pour son beau neveu, — au moment où l'ange du bonheur secouait son aile blanche en se reposant sur le toit du vieux château, que le tilbury crotté de M⁰ Loiseau entra insolemment dans la cour.

Le petit homme vêtu de noir et cravaté de blanc, sous sa blouse bleue, descendit de voiture et s'avança majestueusement, son affreux portefeuille à la main.

De ce portefeuille, il avait tiré une feuille de papier timbré portant, à la requête du sieur Maurel, propriétaire à Saint-Florentin, commandement d'avoir à payer, dedans vingt-quatre heures pour tout délai, la somme de six mille francs, audit sieur Maurel, acquéreur de ladite créance hypothéquée sur les biens, meubles et immeubles de M. le baron Anatole de Misseny.

Après le calme, l'orage; après le soleil, la tempête; après le langage céleste de l'amour, la langue barbare de la procédure.

CHAPITRE XXXVI

Le Midi, pays d'exubérance, se passionne aisément.

C'est la terre classique de la querelle, des animosités violentes, des emportements sans limite.

Mais c'est aussi le pays des chaudes amitiés, des enthousiasmes faciles et des dévouements à toute épreuve.

Le Nord a certaines de ces qualités, quoique plus réservé, plus contraint, plus replié en lui-même.

Le centre de la France, en amont comme en aval de la Loire, est un tout autre pays.

L'Orléanais surtout est d'une prudence extrême en toute chose; il n'aventure pas ses capitaux à la légère; il est peu prêteur, il a une aversion insurmontable pour quiconque gaspille ou dérange sa fortune.

Dans la bonne ville d'Orléans, l'homme qui dépense tous ses revenus passe pour n'avoir pas tout son bon sens. Celui qui se ruine est honni.

Le département se ressent un peu des mœurs de sa métropole.

Saint-Florentin est à six lieues d'Orléans à peine.

Dans le Midi, à Marseille ou à Bordeaux, dans le plus petit village de la Provence ou du Languedoc, maître Loiseau apportant du papier timbré au château, eût été chassé par la population, et le lendemain au plus tard, M. Anatole de Misseny eût trouvé le triple de la somme dont il avait besoin.

A Saint-Florentin, on laissa maître Loiseau s'en aller tranquillement et on se borna à plaindre M. de Misseny sous le manteau de la cheminée.

Anatole devait six mille francs. Son bien au soleil représentait pour le moins huit fois cette somme, et les prêteurs n'avaient rien à craindre.

Mais on ne prête pas à un homme qui est poursuivi, dans un pays comme l'Orléanais.

Là où l'huissier a passé, le notaire se déclare incompétent.

Huit jours plus tôt, le transport de la créance des Jaubert à un honnête homme se bornant à faire un placement eût été chose facile.

Mais à présent, il était trop tard. M. Anatole de Misseny était poursuivi.

Le siècle dans lequel nous vivons n'est rien moins que féodal, et le temps est passé où un grand seigneur mécontent faisait bâtonner un exempt qui osait se présenter muni d'un exploit.

D'ailleurs, le dernier des Misseny n'était plus un grand seigneur, et, l'eût-il été, sa nature loyale et simple l'eût empêché de manquer de respect à la loi.

Le coup avait été rude néanmoins.

D'abord, le jeune homme n'avait pas compris ce que lui voulait maître Loiseau; puis il s'était étonné que les Jaubert n'eussent pas réclamé simplement leur argent en lui donnant le plus petit délai.

A quoi l'huissier lui fit observer que la créance était dans les mains d'un tiers porteur.

Le nom de Maurel fut toute une révélation pour Anatole.

Maurel, c'était ce cuistre qui lui avait proposé d'acheter son château.

Aussi sa stupeur fit-elle place à une sorte de colère dédaigneuse.

— Monsieur, dit-il à l'huissier, après avoir lu très-attentivement le grimoire aux formules peu courtoises, vous comprenez parfaitement que n'étant pas prévenu, je n'ai pas les six mille francs chez moi. Mais donnez-moi quelque jours et M. Maurel sera payé.

Maître Loiseau répondit avec son plus aimable sourire, — une grimace hideuse, — que les mots *vingt-quatre heures* étaient une formalité pure ; seulement, que son client avait besoin de son argent et comptait mener très-rondement l'affaire ; mais il s'en alla sans avoir dit au juste quel délai réel avait M. de Misseny.

Cela s'était passé dans le petit salon du rez-de-chaussée, et nul n'avait entendu la conversation de maître Loiseau et du jeune homme.

Seulement, les domestiques et les gens de la ferme se livraient déjà à mille commentaires, et maître Loiseau n'était pas encore hors de

Saint-Florentin qu'on disait tout bas au café de l'Univers :

— Si M. Jouval n'avait pas envie du château, M. Anatole trouverait les six mille francs en deux jours. Mais quand M. Jouval a envie d'une chose, il faut le laisser faire, et malheur à qui veut lui tenir tête !

Dans les pays d'avarice, le despotisme de l'argent est sans limites, comme on va le voir par les deux lettres que nous transcrivons ici et que la bonne vieille Mlle de Misseny écrivait, huit jours après la visite inattendue de maître Loiseau.

L'une de ces lettres était adressée à Mme la marquise de Charvimont, à Blois.

L'autre à M. Galland, notaire, à Montdésir, par Gien.

Voici la première :

« Ma nièce et petite cousine,

« Voici bien un quart de siècle que nous ne nous sommes vues, peut-être même un peu plus, car si mes souvenirs ne me trompent pas, la dernière fois que je suis allée au château du Seuil, en Sologne, chez votre excellent père, mon cousin à la mode bretonne, vous aviez sept ans, et m'appeliez *grande cousine.* Or, ma belle enfant, vous venez de marier votre fille aînée, et vous ne pouvez guère avoir moins de trente-deux ou trente-quatre ans.

« Depuis votre mariage, ma chère nièce, nous nous sommes peu écrit, une fois l'an peut-être, aux grandes fêtes de Pâques ou de Noël.

« Qui sait? Vous m'avez peut-être même un peu oubliée.

« Mais vous êtes une Misseny comme moi, et votre nom ne peut que vous être cher.

« Or, chère petite, il y va un peu de l'honneur de ce nom, aujourd'hui, dans le petit service que je vous demande et que votre mari, qui est fort riche, pourra nous rendre à coup sûr.

« Nous vivons dans un mauvais temps, ma petite. Les vieilles familles sont bien persécutées, et les libéraux font tout ce qu'ils peuvent pour les faire disparaître.

« Figurez-vous, ma chère enfant, que deux mauvais sujets de Saint-Florentin, notre modeste village, se sont ligués et ne veulent rien moins que mettre notre humble héritage en vente.

« Anatole, mon pauvre neveu, a passé huit

jours à cheval, en voiture, à droite et à gauche, pour trouver une misérable somme de six mille francs, dont nous avons le plus pressant besoin, et il n'a pu la trouver nulle part.

« Un certain M. Jouval s'est mis en tête d'avoir le château, ce berceau de notre commune famille, bâti par un de nos aïeux, il y a sept ou huit siècles.

« Il s'est entendu pour cela avec un petit misérable qui a surpris la bonne foi d'un pauvre fermier qui était notre créancier et n'aurait pas voulu, pour tout au monde, nous occasionner un désagrément.

« Ce malheureux, qui était gêné, a vendu sa créance; et maintenant on nous poursuit, et un huissier tire sur nous à boulets rouges.

« Il paraît même que cet huissier-là mène si rondement ces sortes d'affaires, que nos biens peuvent être mis en vente d'ici à un mois.

« Inutile de vous dire, ma chère petite, que nous donnerons au marquis votre mari, une première hypothèque.

« J'attends votre réponse avec confiance, car je sais combien le nom de votre regrettable père vous est cher.

« Votre tante à la mode bretonne,

« STÉPHANIE DE MISSENY. »

L'autre lettre était plus courte :

« Mon cher Galland.

« Vous êtes le seul homme parmi les gens d'affaires en qui j'aie confiance, car vous n'avez pas oublié que c'est mon père qui vous a aidé autrefois à acheter votre étude.

« M. le baron de Misseny, mon neveu, joint à ces quelques lignes une longue lettre qui vous expliquera notre situation.

« J'ai écrit déjà à ma nièce la marquise de Chavrimont, mais est-elle à Blois ? Je l'ignore, d'autant plus qu'elle passe les hivers à Paris.

« Or, mon bon Galland, il faut absolument que vous nous trouviez six mille francs à emprunter, à court délai, comme vous l'allez voir par la lettre de mon neveu.

« Je vous donne ma main à baiser et suis votre affectionnée

« STÉPHANIE DE MISSENY. »

Anatole, le front chargé de nuages, avait cacheté ces deux lettres.

— Ne te désespère donc pas, mon mignon, lui avait dit sa tante, la marquise ou Galland, et peut-être tous les deux, vont nous répondre que l'argent est prêt.

Anatole secoua la tête.

— Et il ne faut pas que cette misère d'argent trouble ton bonheur, continua Mlle de Misseny, votre mariage est toujours fixé au mois prochain.

— Mais, ma tante, dit Anatole, puisque M. le curé nous offrait d'écrire à son neveu à qui il a abandonné toute sa fortune en entrant dans les ordres, pourquoi n'avoir point accepté?

— Je vais te le dire, mon mignon : le neveu de ce bon curé a fait un mariage ridicule et presque odieux. Depuis plus de dix ans, l'oncle et le neveu n'ont aucunes relations, et il fallait toute l'amitié qu'il a pour nous, pour que le brave homme se résolût à une pareille démarche.

Il sera toujours temps d'en venir là. D'ailleurs, je ne te cache pas que M. Duval n'a qu'un espoir très-faible dans le résultat que pourrait avoir sa lettre.

Anatole ne répondit pas, mais il leva un douloureux regard sur les portraits de famille qui couvraient les murs du salon, comme si ses aïeux, muets dans leurs cadres noircis, eussent pu se repentir, à cette heure, de leurs prodigalités passées.

En ce moment Mignonne entra.

Elle venait tous les jours à la même heure.

Ce fut un rayon de soleil brillant au travers de l'orage, et le front plissé du jeune homme se dérida tout à coup.

CHAPITRE XXXVII

La réponse de la marquise se fit attendre plus de huit jours.

Enfin elle arriva, ainsi conçue :

« Blois, le.....

« Ma bonne cousine et tante, mon mari et moi nous sommes véritablement désolés de ce qui vous arrive de fâcheux, et le pauvre Armand pourrait vous dire que j'avais les yeux rouges, hier, en trouvant votre lettre, car nous revenons de Paris.

« Armand ne comprend pas comment vous pouvez avoir à vous plaindre de M. Jouval.

« Si c'est bien le M. Jouval de Saint-Florentin, marchand de biens, nous le connaissons beaucoup.

« Armand s'est trouvé en relations d'affaires avec lui, l'année dernière, et n'a eu qu'à s'en louer.

« C'est un fort brave homme, et on vous aura certainement mal renseignée; il est incapable de vous faire de la peine.

« Armand lui a acheté deux fermes qui touchaient à notre terre de Sologne, et il a été très-rond dans le marché.

« Au reste nous allons lui écrire.

« Maintenant, ma bonne tante et cousine, laissez-moi vous dire avec douleur, avec désespoir, tout l'ennui que nous éprouvons, mon mari et moi, de ne pas nous trouver en mesure de vous rendre le petit service que vous nous demandez; mais jugez de nos embarras momentanés.

« Nous avons marié Virginie l'an dernier, et nous lui avons donné le plus clair de notre fortune, c'est-à-dire tout ce que nous avions d'argent comptant.

« Hector, mon fils, vient d'entrer à l'école préparatoire de marine; il a fallu un trousseau, une année de pension payée d'avance. Que sais-je?

« Enfin, ces deux fermes que nous avons achetées, et notre hiver passé à Paris !

« Nous sommes tout à fait désargentés, et Armand n'a pas cinquante louis dans son secrétaire. Je suis navrée de cette situation qui m'oblige à vous refuser.

« Heureusement, ma chère tante et cousine, que six mille francs se trouvent aisément, et je suis persuadée que le premier notaire venu, à Orléans, sera enchanté de les mettre à votre disposition.

« Votre petite cousine désolée,

« IRÈNE. »

Anatole lisait par-dessus l'épaule de sa tante, alors que la vieille demoiselle déchiffrait les jolies pattes de mouche allongées, menues et régulières de la marquise.

La main qui les avait tracées n'avait certainement été agitée par aucune émotion.

— O mon Dieu ! murmura Mlle de Misseny, je croyais qu'ils étaient riches.

Anatole eut un sourire plein d'amertume.

— Rien ne prouve qu'ils ne le soient pas, dit-il.

— Mais, tu vois bien...

— Vous êtes naïve, ma bonne tante.

— Naïve !

— Le marquis aurait son tiroir plein d'or qu'il ne nous prêterait pas un sou.

— Oh! par exemple!

— Et cela parce qu'il est en affaires avec M. Jouval, qu'il connaît aussi bien que nous, comprenez-vous?

Mlle de Misseny ne se désespérait pas facilement.

— Eh bien, dit-elle, je suis persuadée que Galland nous trouvera l'argent que nous lui demandons.

Anatole secoua encore la tête et, pour la seconde fois, il leva un regard de respectueux reproche sur ces portraits de famille qui garnissaient le salon.

— En attendant, dit-il, l'huissier marche.

— Laisse-le marcher... il n'ira pas si vite que cela ! murmura la vieille demoiselle.

— C'est le quatrième papier timbré que je reçois depuis quinze jours, dit Anatole d'une voix sourde.

Et pour ne pas affliger sa tante davantage, il sortit.

Les gens de Saint-Florentin qui avaient vu passer quatre fois en quinze jours Me Loiseau se rendant au château, ne se gênaient plus pour dire que M. Anatole était perdu.

Ceux qui rencontraient le jeune homme et le saluaient avec tristesse, étaient les plus courageux, ceux qui étaient trop pauvres pour rien devoir à M. Jouval.

Les autres ne le saluaient plus.

En revanche, on saluait beaucoup M. Maurel, que personne, maintenant, ne se serait hasardé à appeler le Mulot.

Le nouveau châtelain de Bellevue crevait d'orgueil dans sa peau.

Il avait les gilets les plus voyants, ne quittait plus le café de l'Univers et tutoyait tout le monde. M. Jouval l'appelait « Maurel » tout court, ce qui le flattait infiniment.

Mᵉ Loiseau n'avait pas perdu une minute depuis qu'il avait commencé les poursuites.

Il rédigeait acte sur acte, et on ne voyait plus que lui dans les rues de Saint-Florentin.

Un débiteur qui a besoin de gagner du temps peut arriver à ce résultat par une procédure contradictoire.

Hélas! M. Anatole n'avait opposé aucune résistance.

On avait pris un jugement contre lui, et il avait laissé passer le délai voulu pour faire opposition.

Le jugement prononcé par défaut était devenu définitif.

M. Maurel et M⁰ Loiseau se frottaient les mains.

Anatole continuait à chercher de l'argent et n'en trouvait pas.

Il eût mieux fait de s'adresser à un homme d'affaires qui, répondant à une procédure par une autre procédure, eût gagné trois ou quatre grands mois.

En attendant, le vieux notaire Galland ne répondait pas.

Mlle de Misseny trouvait cela d'un bon augure, tandis qu'Anatole achevait de se désespérer.

Enfin, huit ou dix jours après l'arrivée de la lettre de la marquise, le facteur apporta la réponse de M⁰ Galland :

« Chère et bien respectable demoiselle,

« Vous avez eu raison de vous adresser à moi et de compter sur mon dévouement à la famille de Misseny.

« Malheureusement, je ne suis plus notaire et j'ai vendu mon étude au printemps dernier.

« Mon successeur est un jeune homme qui n'est pas encore tiré d'embarras, et quelque effort qu'il ait fait ou essayé de faire depuis quinze jours, il n'a pu trouver la somme que vous lui demandez.

« Je ne l'ai pas non plus à ma disposition, mais je la trouverai, dussé-je l'emprunter sur ma maison de Gien et la propriété dans laquelle j'ai englouti toutes mes épargnes et le prix de mon étude.

« Je vous demande pour cela un mois, six semaines au plus.

« Je ne vous cacherai pas, ma chère demoiselle, que M. le baron de Misseny et vous, êtes en ce moment les victimes des intrigues d'un homme très-influent du pays qui veut, à tout prix, votre château de Saint-Florentin.

« Il a été partout, il a fait agir sur tous ceux qui avaient de l'argent disponible.

« C'est M. Jouval, le marchand de biens.

« Sans lui, j'aurais eu en quarante-huit heures cette misérable somme de six mille francs.

« Mais il se défie de moi et de mon attachement à votre maison, et il m'a pour ainsi dire mis en quarantaine.

« Mais je triompherai, soyez-en sûre.

« La grande affaire, pour le moment, est de gagner du temps.

« J'envoie à M. Anatole une note explicative qui le guidera.

« Si on a déjà pris jugement, qu'il fasse opposition dans les délais prescrits, et nous gagnerons deux grands mois.

« C'est plus qu'il n'en faut pour déjouer tous les plans de maître Jouval.

« Priez donc M. Anatole de venir me voir la semaine prochaine à Gien, et nous achèverons de conjurer ce petit orage, impuissant, il faut bien l'espérer, à renverser la vieille et noble maison de Misseny.

« Veuillez me croire, mademoiselle, le plus obéissant et le plus respectueux de vos serviteurs,

« GALLAND, ancien notaire. »

— Vive Dieu ! s'écria la bonne demoiselle en achevant la lecture de cette lettre, je savais bien que Galland ne nous laisserait pas dans l'embarras. Nous sommes sauvés, mon enfant.

— Nous sommes perdus, ma tante ! répondit Anatole, qui fut pris, en ce moment, d'un véritable accès de désespoir.

— Perdus !

Et Mlle de Misseny leva sur son neveu un regard effaré.

— Oui.

— Mais... pourquoi ?

— Galland demande un mois pour trouver de l'argent, n'est-ce pas ?

— Sans doute.

— Eh bien, le château sera mis en vente avant quinze jours.

— Mais, puisque tu peux gagner du temps.

— Je ne le puis plus, ma tante. J'ai laissé passer les délais légaux. Toute la procédure instrumentée contre moi est régulière et...

Anatole n'acheva pas.

Un bruit de roues se fit entendre dans l'allée du château.

Anatole se précipita vers la fenêtre et son cœur se serra.

Le tilbury crotté de Me Loiseau entrait dans la cour.

Cette fois, le terrible huissier ne demanda point à voir M. de Misseny.

Il se borna à remettre à un domestique une grande pancarte jaune, en tête de laquelle on lisait :

Vente par autorité de justice... etc., etc.

Puis il remonta en voiture et tourna bride.

Le domestique hébété tenait l'affiche à la main et n'osait entrer dans la maison.

Anatole, pâle et frémissant, le front collé aux vitres d'une croisée du premier étage, sentait ses genoux fléchir.

Mais à peine le tilbury de M° Loiseau avait-il tourné l'allée de tilleuls et disparu sur la grand'route, qu'un homme à cheval entra dans cette même allée et s'avança au petit galop de chasse.

Cet homme était inconnu à M. Anatole de Misseny, et cependant le jeune homme eut, à sa vue, comme un frisson d'espérance.

CHAPITRE XIXXVIII

Il était presque nuit quand M⁰ Loiseau était parti, et par conséquent au moment où arriva dans la cour du château ce personnage que M. Anatole de Misseny voyait pour la première fois, mais en qui il avait subitement placé une vague espérance.

D'ailleurs il était assez difficile, à première vue, de dire quel était ce cavalier.

Il était couvert d'une peau de bique dont le col relevé lui cachait le bas du visage, tandis que le haut disparaissait presque tout entier sous la visière d'une casquette de chasse ronde.

Le cheval qu'il montait était un gros percheron gris, comme il y en a dans toutes les fermes, et par suite ne pouvait nullement servir à reconnaître le cavalier.

Enfin, au lieu de venir par la grand'route et par conséquent d'avoir traversé Saint-Florentin, cet homme avait pris à travers les vignes et personne ne l'avait vu dans le bourg.

Il mit pied à terre, jeta la bride au valet de charrue qui tenait encore à la main l'affiche de vente, et lui dit :

— Il faut que je parle tout de suite à M. de Misseny.

— Mais... fit le valet hésitant.

— Il le faut, dit le nouveau venu.

Le valet de charrue hésitait encore, que M. Anatole était dans la cour.

— Monsieur le baron, dit cet homme, qui fit plutôt le geste d'ôter sa casquette qu'il ne l'ôta en effet, si bien que le valet de charrue ne put le voir, il faut que je vous parle sur-le-champ. J'apporte de bonnes nouvelles et de bonnes paroles.

Et, avant même d'en avoir reçu l'invitation, il entra dans la maison, comme s'il eût voulu couper court, chez le jeune homme, à toute hésitation.

Anatole avait pris des mains du valet de charrue l'affiche jaune.

— Venez, monsieur, dit-il à l'inconnu.

Et il ouvrit la porte de ce petit salon du rez-de-chaussée qui renfermait à la fois ses livres, ses papiers, ses fusils et ses instruments de pêche.

L'inconnu entra.

Anatole ne savait ce que lui voulait cet homme, et cependant son espérance grandissait.

Il ferma la porte et lui avança un siége.

L'inconnu demeura debout, mais il ôta sa casquette. Alors, aux dernières lueurs du crépuscule, Anatole put voir un visage déjà vieux, martial et bronzé, des cheveux gris taillés en brosse et une moustache toute blanche.

Evidemment cet homme était un ancien soldat.

— Où diable ai-je déjà rencontré cet homme? se demanda Anatole.

Mais sa mémoire rebelle refusa de lui répondre.

— Monsieur le baron, dit le nouveau venu, je ne suis pas un monsieur et je ne sais pas tenir un beau langage; mais je vais vous dire en deux mots pourquoi je viens.

Vous avez besoin de six mille francs, je vous les apporte.

Anatole fit un pas en arrière et chancela

comme si le plancher du petit salon eût manqué sous ses pieds.

— Ça vous étonne, dit cet homme; mais nous n'avons pas de temps à perdre en remercîments et en explications. Vous devez six mille francs; avec les frais qu'on vous fait, ça passe six mille cinq cents. Je suis chargé de vous en prêter sept mille pour dix années, sur votre simple billet.

En même temps, cette homme bizarre ouvrit sa peau de bique et montra une sacoche qu'il portait dessous en bandoulière.

Il ouvrit cette sacoche, en tira successivement sept rouleaux qu'il posa sur une table et les défit tranquillement l'un après l'autre en disant :

— Vous pouvez accepter.

Anatole était comme pétrifié et regardait d'un œil stupide ces pièces d'or que l'homme entassait méthodiquement avec flegme.

— Mais qui êtes-vous donc, monsieur? s'écria Anatole, qui retrouva enfin l'usage de la voix.

— Monsieur le baron, répondit l'inconnu, je ne suis qu'un domestique et mon nom ne vous apprendrait rien ; et puis ce n'est pas moi qui vous prête. Le billet est tout prêt; il est au nom de M⁰ Chivot, notaire à Loury, ce qui ne vous apprend pas grand'chose non plus.

Prenez-en connaissance, et vous verrez qu'on vous accorde dix ans pour payer.

— Mais, monsieur...

— Je puis bien vous dire encore une chose, monsieur le baron.

— Parlez !

— Il ne manque pas de gens qui, sachant votre embarras, auraient voulu vous obliger, mais M. Jouval fait trembler tout le monde.

La personne qui vous vient en aide désire n'être pas connue; elle exige même votre parole que vous ne direz pas chez quel notaire vous avez trouvé de l'argent.

— Ah ! fit Anatole; mais je ne puis emprunter ainsi... sans donner une garantie...

— Ceux qui vous prêtent vous connaissent, et ils savent que votre parole vaut mieux qu'une hypothèque.

Anatole sentait deux grosses larmes rouler le long de ses joues.

— Voyons, monsieur le baron, dit l'homme à la peau de bique, prenez votre argent. Vous enverrez le billet signé demain à Me Chivot. Moi, je me sauve !

Et Anatole n'était pas encore revenu de sa stupeur, que ce bizarre personnage s'était élancé au dehors, enfonçait sa casquette sur ses yeux, sautait en selle et lançait son cheval dans l'allée des tilleuls.

— Je crois que je fais un rêve ! murmura le jeune homme.

Mais, aux clartés mourantes du jour, il vit briller sur la table les sept piles d'or.

— O mon Dieu ! dit-il en tombant à genoux, vous voulez donc sauver ma pauvre vieille maison ?...

Et, comme un fou, il s'élança vers l'appartement de la vieille demoiselle.

CHAPITRE XXXIX

Ce soir-là, le café de l'Univers avait un aspect bizarre et tout à fait inaccoutumé vers huit heures du soir.

Les habitués étaient au complet, sauf M. Jouval et M. Maurel.

En dehors même des habitués, quelques habitants paisibles de Saint-Florentin et qu'on voyait rarement au cabaret, étaient venus s'entretenir de l'événement du jour.

Cet événement, on le devine, était cette grande pancarte jaune dont M° Loiseau avait porté un exemplaire au château et qu'il avait eu bien soin de placarder, selon son droit, à la porte de la mairie et à la porte du café de l'Univers,

Le peuple est lâche quelquefois ; mais quelquefois aussi un grand sentiment de justice s'empare de lui, et il redresse tout à coup la tête.

Les envieux, les jaloux, ceux qui n'aimaient pas M. Anatole parce qu'il était baron, et ceux qui le haïssaient parce qu'il portait sa pauvreté avec une fierté toute castillane, avaient été, chose bizarre, les premiers à subir la réaction.

La gêne horrible de M. de Misseny, l'impossibilité où il était de trouver cette misérable somme de six mille francs, n'étaient maintenant un secret pour personne.

— C'est un coup monté par M. Jouval qui a envie du château ! murmurait-on tout bas depuis quinze jours.

Ce soir-là, on le disait tout haut, et M. Anatole commençait à avoir des partisans.

— Hé ! père Boutteville, dit un fermier des environs, vous qui avez plus d'argent qu'un marchand de cochons, vous avez donc bien peur du père Jouval, que vous n'osez prêter six mille francs à M. Anatole ?

— Pourquoi ne les prêtez-vous pas vous-même, Joseph Méchet ? répondit le père Boutteville.

— Je ne les ai pas, sans ça...

— Et puis, dit Ulysse le tonnelier, il ne faut pas jouer contre le jeu de M. Jouval.

— C'est pourtant vrai, dit un troisième, qu'il nous tient tous.

— Il ne me tient pas, moi, observa le père Boutteville.

— Alors, prêtez donc les six mille francs.

— Merci bien, dit le père Boutteville. Et si jamais j'ai besoin de mon capital, comment l'aurai-je? Faudra que moi aussi je poursuive M. Anatole, et alors vous me tomberez dessus comme vous tombez sur M. Jouval.

— Oh! quel gredin! murmura le fermier, qui avait son franc parler.

— Et dur au pauvre monde, fit un autre paysan.

— Il n'est *curieux* de nourrir ni les bêtes ni les gens, dit un campagnard qui était venu à Saint-Florentin pour affaires. Moi qui vous parle, je lui ai amené, l'hiver dernier, trois cents bourrées du fin fond de la forêt, et il m'a donné cent sous tout secs. Il était dix heures du soir quand nous avons eu fini de décharger. Il ne m'a seulement pas offert une assiettée de soupe et un verre de vin, et mon cheval a fumé sa pipe tout le temps.

Ça fait que je suis allé à l'auberge et que mes cent sous y ont passé.

— Camarade, dit le sentencieux Ulysse, il ne faut pas mal parler de M. Jouval comme tu le fais ; on ne sait pas... tu peux en avoir besoin.

Mais la réaction croissait, impuissante il est vrai, car personne, sauf le père Boutteville, n'avait les six mille francs à sa disposition, et les paroles d'Ulysse furent couvertes par un murmure désapprobateur.

Néanmoins le tonnelier ne se tint pas pour battu.

— Après ça, dit-il, je ne sais pas pourquoi vous en avez tous à M. Jouval. Est-ce que c'est lui qui fait vendre M. Anatole? Non, c'est M. Maurel.

— Ça ne fait rien.

— M. Jouval et M. Maurel, ça fait deux.

— Et les deux font la paire, ricana le fermier.

— A preuve que M. Jouval n'y est pour rien, dit Joseph Michet, c'est que M⁰ Loiseau et M. Maurel soupent ce soir chez M. Jouval.

— Qu'est-ce que ça prouve?

— Que c'est un coup monté, répondirent six personnes à la fois.

Ulysse grommela quelques mots inintelligibles et cessa de soutenir M. Jouval.

Alors la réaction arriva à son comble.

On parla sans ménagement de l'usurier du village, de ce marchand de biens qui jouait depuis quinze ans le rôle d'oppresseur dans le pays; et de M. Maurel, qu'on méprisait si fort jadis quand il n'avait pas d'autre nom que le Mulot, et de la Martine sa sœur, qui avait volé l'héritage de la petite maîtresse d'école.

Mais de même qu'il suffit de l'apparition, dans les airs, d'un milan ou d'un épervier, pour réduire tout à coup au silence la nichée de moineaux piailleurs qui s'ébattait dans un buisson, il suffit que la porte du café de l'Univers s'ouvrît tout à coup devant M. Jouval, pour que tous ces naïfs insurgés redevinssent tout à coup humbles et timides.

M. Jouval, ayant soupé joyeusement, venait prendre le café avec *sa société*.

Sa société se composait de M° Loiseau, l'huissier terrible, et de M. Maurel, le créancier impitoyable.

M. Jouval avait la figure enluminée et l'œil brillant.

Le Mulot flageolait agréablement sur ses jambes, tant il avait fait honneur aux différents crus qui garnissaient la cave de son hôte.

Mᵉ Loiseau lui-même avait une fleur de sourire sur ses lèvres minces et fendues au couteau.

Quand ils entrèrent, ils ressemblaient aux trois gais compagnons dont parle Rabelais.

Néanmoins un morne silence les accueillit.

Seul, Ulysse, le flatteur, se leva avec empressement et dit à Mᵉ Loiseau :

— Vous avez joliment *marché*, depuis un mois, monsieur Loiseau.

L'huissier salua, évidemment flatté du compliment.

— C'est égal, dit le père Boutteville, entre l'affiche de vente et l'adjudication, il y a encore un bout de chemin.

— Huit jours, fit M. Jouval qui regarda le père Bouteville de travers.

— En huit jours, on fait souvent bien des choses.

— Heu ! heu !

— Et ça ne serait pas impossible que M. Anatole trouvât de l'argent.

— Tant mieux s'il en trouve ! dit le Mulot.

— Farceur ! dit le père Boutteville. Ça vous gênerait peut-être s'il en trouvait.

— Pourquoi ne lui en prêtez-vous pas, vous? dit M. Jouval.

— Et vous? fit le père Bouteville.

— Parce que, dit M. Jouval qui promena autour de lui un regard à faire frémir, j'ai assez prêté d'argent comme ça; tout le monde m'en doit, dans le pays, et il faudra voir un de ces matins à faire rentrer tout ça, n'est-ce pas, l'ami Loiseau?

— A vos ordres, dit l'huissier.

Tout le monde frissonna sous le poids de cette menace, et les plus chauds partisans de M. Anatole jugèrent prudent d'étouffer leur sympathie.

On apporta le café à M. Jouval.

Le marchand de biens et ses deux convives étaient fort gais.

M. Anatole avait laissé passer tous les délais d'opposition, et à moins qu'il ne trouvât de l'argent, chose impossible, le château serait vendu sous huit jours.

Maurel et Jouval avaient jeté le masque.

L'huissier se complaisait et se rengorgeait dans cette cravate blanche que le deuil et le désespoir conduisaient toujours.

Mais, comme dix heures du soir allaient sonner, et que chacun songeait à la retraite, la porte du café s'ouvrit de nouveau, et un homme entra qui plongea l'assemblée dans une véritable stupeur.

C'était M. Anatole de Misseny.

Jamais le jeune homme n'avait franchi le seuil du café.

Pour qu'il y vînt, il fallait que le malheur eût bien réduit sa fierté.

Il s'arrêta un moment sur le seuil, se faisant de sa main un abat-jour, pour mieux voir à travers cette atmosphère nuageuse des lampes qui fumaient et des pipes qui brûlaient.

Puis il avisa M° Loiseau et marcha droit à lui.

L'huissier se pencha à l'oreille de M. Jouval et lui dit à mi-voix.

— Il vient demander du temps.

— Oh! mais, pas de bêtises! dit le marchand de biens.

— Pas une heure! ajouta le Mulot.

Anatole salua l'huissier avec son urbanité accoutumée et lui dit :

— On m'a assuré, monsieur, que vous couchiez à Saint-Florentin, et je suis allé à votre auberge, où l'on m'a dit que je vous trouverais ici. Pardonnez-moi de vouloir éviter une course demain à Lorris.

— Monsieur le baron, dit insolemment l'huissier, passé huit heures du soir je ne m'occupe plus d'affaires.

— Même quand on vous apporte de l'argent? fit Anatole en souriant.

L'huissier fit un bond sur sa chaise et M. Jouval laissa échapper le verre qu'il tenait à la main.

— Loiseau, dit le Mulot avec une émotion subite, je n'accepte pas d'à-compte!

M. de Misseny leva sur le Mulot un regard calme et dédaigneux.

— Pardon, monsieur, dit-il, mais je n'ai nullement affaire à vous.

Et, continuant à s'adresser à M⁰ Loiseau :

— Si vous avez mon billet, dit-il, et la note des frais, je vais vous payer.

Quand Anatole était entré, les conversations avaient été suspendues, tout le monde s'était levé.

Une émotion indescriptible s'empara de tous les cœurs, aux dernières paroles du jeune homme, et on s'aperçut alors que M. de Misseny portait en bandoulière un petit sac à cartouches.

— Comment! que dites-vous?... balbutia M⁰ Loiseau... vous dites...

— Je vous demande si vous avez mon billet?

— Sans doute, répondit l'huissier abasourdi, qui avait posé un de ses coudes sur son portefeuille graisseux.

— Eh bien, je vais vous payer.

M. Jouval et le Mulot échangeaient des regards effarés.

M. de Misseny ouvrit sa cartouchière et en tira successivement six rouleaux de mille francs.

Au sixième, la terreur fut dominée par l'enthousiasme.

Les habitués du café battirent des mains.

— Mais il y a sept cents francs de frais, balbutia Mᵉ Loiseau, qui était devenu verdâtre.

— Aussi vais-je vous les payer.

Et toujours calme, toujours poli, Anatole tira de la cartouchière un septième rouleau, qu'il posa sur la table.

Alors les applaudissements éclatèrent comme une tempête, et M. Jouval eut peur qu'on ne se ruât sur lui et qu'on ne le mît en pièces.

CHAPITRE LX

M. Anatole de Misseny était parti, emportant le billet souscrit par son grand-père aux Jaubert ; les plus chauds partisans de M. Jouval avaient prudemment battu en retraite ; le café s'était vidé, que le marchand de biens, le Mulot et M⁰ Loiseau n'étaient pas encore revenus de leur stupeur.

Ils étaient là à se regarder et à regarder l'or qui couvrait la table, avec une sorte d'hébétement.

Enfin M⁰ Loiseau rompit le silence :

— Nous sommes fumés, dit-il.

Le Mulot ne répondait pas, il était comme foudroyé.

— Mais où donc a-t-il trouvé de l'argent? s'écr a enfin M. Jouval d'une voix terrible.

Mᵉ Loiseau traduisit à son tour son étonnement :

— Si on m'avait joué ma tête contre cent sous, il y a une heure, que M. Anatole pourrait payer, j'aurais tenu le coup, dit-il.

— Et vous auriez perdu votre tête, bonhomme, murmura M. Jouval avec une fureur concentrée.

Puis un souvenir traversa son esprit :

— Oh! dit-il, si j'étais sûr que ce fût le Boutteville...

— Quoi donc? fit Loiseau.

— Qui m'ait joué ce tour-là... je le ruinerais!...

Loiseau haussa les épaules :

— Boutteville, dit-il, est un homme de bon sens; pour faire une chose semblable, il faut être fou.

— Ou bien être mon plus mortel ennemi, gronda sourdement M. Jouval.

— Et vous savez bien, dit l'huissier, que le père Boutteville est des nôtres.

M. Jouval prit sa tête à deux mains et garda pendant quelques minutes un silence farouche.

— Oh! dit-il enfin, si je sais jamais quel est le notaire qui a prêté l'argent, je le ruinerai.

De semblables paroles n'étaient point une vaine menace dans la bouche de M. Jouval.

— Je vous y aiderai, dit Loiseau.

M. Jouval releva enfin la tête, et ses yeux rencontrèrent de nouveau le monceau d'or.

— Puisque nous sommes roulés, dit-il, faisons nos comptes.

Et s'adressant au Mulot :

— Puisque c'est moi qui avais prêté les fonds, dit-il, je rentre dans mon argent.

Et il engloutit dans les larges poches de son gilet les six rouleaux de mille francs.

— Je fais comme vous, dit Me Loiseau.

Et il empocha la pile de pièces d'or qui représentait ses frais, diligences et honoraires.

Le Mulot seul, au nom de qui s'était fait tout ce tapage, n'avait rien à mettre dans sa poche.

Ses deux complices avaient fait table rase.

Il n'avait plus devant lui que les morceaux de papier qui avaient servi à fabriquer les rouleaux.

M. Jouval se leva le premier :

— Loiseau, dit-il, je crois qu'il fait clair de

lune. Vous ferez bien d'en profiter pour mettre votre cheval en limon et filer chez vous. Moi, je vais me coucher. Bonsoir, jeune homme, acheva-t-il d'un ton sec en s'adressant au Mulot.

L'amitié qui avait un moment lié ces deux hommes venait de se rompre en deux minutes.

Ils n'avaient plus d'intérêt commun.

— Bonsoir, mon client, dit M⁰ Loiseau au Mulot, modelant son geste et modulant son accent sur le geste et l'accent de M. Jouval.

Puis il prit le bras de ce dernier, et tous deux sortirent.

Le Mulot, atterré, ne songea même pas à les retenir.

Quand ils furent partis, le misérable eut un véritable accès de rage.

— Comme ça, murmura-t-il, c'est lui qui aura la maîtresse d'école! Ah! mais non... ou il n'y a plus un grain de poudre à la maison!...

Il allait se lever et se retirer à son tour, lorsqu'il fut pris de cette soif ardente qui s'empare des gens qui viennent d'éprouver un grand mécompte.

— A boire, tonnerre! à boire! dit-il en frappant sur la table.

Le cafetier n'aimait ni le tapage ni les querelles ; il jugea prudent de servir le Mulot et il lui apporta une bouteille d'eau-de-vie, se disant :

— Il boira à même et il roulera sous la table ; mais, ça m'est égal ! j'aime mieux ça qu'une querelle.

Le Mulot se mit à boire à petites gorgées, promenant autour de lui un regard féroce.

En ce moment il en voulait peut-être autant à M. Jouval et à l'huissier qu'à M. de Misseny lui-même.

Le cafetier posait les volets de sa devanture et ne paraissait pas s'occuper de lui.

Le Mulot gesticulait et parlait tout seul, car le café était vide, et, l'ivresse aidant, il s'oubliait à faire les plus affreux serments de vengeance contre M. de Misseny, tandis que ses doigts convulsés s'amusaient à plier et à déplier les morceaux de papier qui avaient enfermé les rouleaux d'or.

Mais, tout à coup, son œil déjà obscurci s'arrêta sur l'un d'eux, et se mit à déchiffrer machinalement l'écriture dont il était couvert.

Ces lignes bizarres le frappèrent :

Du 17 mai, reçu de Léon Mottereau la somme de 35 francs, pour loyer de la pièce de terre qu'il a à bail... ci... 35 fr.

— Hein! qu'est-ce que c'est? fit le Mulot qui tressauta sur son siége, comme s'il eût reçu une décharge électrique en pleine poitrine.

Et il prit un autre morceau de papier et lut :

Ce même 17 mai, payé pour journées à Jean de la Grange-Brûlée, dix-huit francs, ci... 18 fr.

— Ah! tonnerre! exclama le Mulot, celle-là est trop forte.

Ces deux morceaux de papier, ainsi que les autres, avaient été coupés avec des ciseaux dans un livre de comptes.

Or, le Mulot avait reconnu l'écriture de feu le commandant Richaud.

Or, Jean de la Grange-Brûlée était un homme que le commandant employait beaucoup autrefois, et Léon Mottereau un petit locataire de la Renardière.

Ce papier venait donc de la Renardière?

Et si le papier en venait, l'or ne pouvait-il en venir aussi?

Un homme plus intelligent que le Mulot se fût posé sur-le-champ cette question :

— Quel intérêt la Martine pouvait-elle avoir à prêter de l'argent à M. de Misseny?

Mais les gens haineux croient bien plus à la haine chez autrui qu'à l'intérêt proprement dit.

Le Mulot se dit :

— Elle a voulu se venger de moi !

Et, fourrant les papiers dans sa poche, il sortit du café comme un ouragan, oubliant de payer, comme l'avait oublié M. Jouval.

Le cafetier le laissa partir, trop heureux d'en être débarrassé à ce prix-là.

Quand il fut dans la rue, les fumées de l'ivresse aidant, le Mulot fut pris d'une rage indescriptible.

— Oui, se disait-il en marchant d'un pas inégal et saccadé, elle m'en veut depuis le jour où j'ai failli l'étrangler.

Et puis elle a peut-être su que je voulais épouser Mignonne.

Ah! mille noms de tonnerre! elle ne sait pas à qui elle a affaire.

Sa tête était si lourde et ses jambes si faibles qu'il eut toutes les peines du monde à trouver le chemin de Bellevue, ou pour mieux dire un sentier à travers les vignes qui abrégeait la distance.

Il se jeta par terre deux ou trois fois, se releva en blasphémant et finit par arriver chez lui.

Il aperçut de la lumière à travers les carreaux qui surmontaient la porte d'entrée.

Cependant la Dorothée n'était point revenue et il était peu probable que la Martine eût songé à revenir chez son frère pour y chercher ce qu'on sait bien.

Le Mulot laissa échapper un juron et une menace à la vue de cette lumière :

— Ah! dit-il, si c'est la Chevrette, elle payera pour les autres !

Et il poussa la porte, qui n'était pas fermée, d'un violent coup de pied.

C'était la Chevrette, en effet, qui était arrivée dans la soirée, avait pris la clef dans le trou du mur où le Mulot avait coutume de la mettre, était entrée, s'était fait du feu et de la soupe, et mangeait alors tranquillement.

La fille sauvage venait ainsi tous les quatre ou cinq jours, et passait vingt-quatre, quarante-huit heures au plus avec *son homme*, car sa nature vagabonde ne lui permettait pas de vivre éloignée un plus long temps de sa chère forêt.

— Qu'est-ce que tu as donc, mon homme ? fit-elle en voyant le Mulot bouleversé.

— Ah! te voilà, s'écria-t-il.

— Bon ! fit la Chevrette en riant, il est soûl, mon homme !

— Je vas te cogner! dit le Mulot en s'avançant sur elle, les yeux injectés et les poings fermés.

Mais la Chevrette avait, d'un bond, mis la table entre elle et lui.

Le Mulot voulait assouvir sa rage sur quelqu'un ; à défaut d'autre, il allait tomber sur la Chevrette, et il tournait après elle autour de la table, lorsque ses yeux rencontrèrent son fusil accroché au manteau de la cheminée.

Cette vue le calma, ou plutôt détourna sa colère, en le dégrisant à moitié.

— Je suis bête! dit-il, de vouloir te battre, ma pauvre chèvre... ce n'est pas à toi que j'en ai...

— Qu'est-ce que tu as donc? fit la Chevrette qui se tenait prudemment à distance.

— C'est M. Anatole que je veux tuer ! dit-il.

Et il s'élança vers le fusil et s'en empara.

— T'as perdu la tête ! dit la Chevrette.

— Non, je veux le tuer ! répétait le Mulot qui s'avança vers la porte.

La Chevrette s'était jetée au-devant de lui pour l'arrêter.

Mais il la repoussa, disant :

— Ote-toi ! ou je te brûle !...

Et il fit un pas encore...

Mais alors l'ivresse reprit ses droits, l'étreignit de sa main de fer; il fit un dernier pas et tomba, tandis que le fusil lui échappait.

— Il est ivre-mort! murmura la Chevrette qui se hâta de fermer la porte, de peur qu'on n'eût entendu au dehors tout ce tapage.

Mais le Mulot ne songeait même plus à se relever, et ses yeux venaient de se fermer, vaincus par un sommeil de plomb.

CHAPITRE XLI

Rétrogradons maintenant de quelques heures.

A peu près à l'heure où M⁰ Loiseau, après avoir porté triomphalement son affiche de vente au château, venait s'asseoir à la table hospitalière de M. Jouval, Mignonne entrait au presbytère.

Il y avait maintenant un mois que la jeune fille et M. Anatole étaient fiancés.

Depuis un mois Mignonne passait toutes ses soirées au château, et elle était, par conséquent, initiée à toutes les douleurs de la vieille demoiselle et aux angoisses d'Anatole.

Le bon curé Duval avait en secret fait de

nombreuses démarches pour trouver l'argent dont on avait besoin, démarches infructueuses jusque-là.

Pour la première fois, depuis quarante années bientôt qu'il était dans les ordres, cet homme, qui s'était nommé le marquis de Champerret, avait brillamment porté l'épaulette et joui d'une grande fortune, s'était repenti de s'être dépouillé en quittant la vie du monde.

Le jour où M. Duval se fit prêtre, il abandonna toute sa fortune à sa famille, ne se réservant qu'une rente de deux mille francs pour les pauvres de sa paroisse future.

M. Duval avait écrit à son neveu.

Son neveu n'avait pas daigné lui répondre ; il était allé chez des notaires, des gens d'affaires, à droite et à gauche : partout M. Jouval avait passé.

Mais, ce jour-là même, le facteur du soir, qui avait apporté la réponse de M. Galland au château, apporta une lettre datée de C..., par Pithiviers.

Le curé l'ouvrit, courut à la signature, et lut ce nom :

« MOULIN, *prêtre*. »

La lettre était ainsi conçue :

« Mon cher frère en Dieu et mon vieil ami,
« C'est un ancien frère d'armes, c'est un camarade de séminaire qui t'écrit, après un silence de trente années.

« Ensemble nous avons servi la France, ensemble nous sommes entrés au séminaire, et nous avons été ordonnés prêtres le même jour.

« Tandis que tu te contentais du modeste apostolat de prêtre de campagne, entraîné par ma foi ardente, je suis entré dans les missions étrangères et je suis allé en Cochinchine. J'aurais dû y mourir, car j'ai été martyrisé plusieurs fois. On allait même me trancher la tête, lorsque le drapeau tricolore est venu flotter tout à coup sur les murs de Saïgon.

« On m'a ramené en France moribond. J'ai passé près de deux années entre la vie et la mort. Enfin, ma constitution robuste a triomphé, et, en dépit de mes soixante-cinq ans, me voilà sur pied, à peu près valide et nommé à la petite cure de C..., près Pithiviers.

« Je me suis informé de toi. Il paraît que tu es toujours curé de Saint-Florentin et adoré de tes paroissiens.

« Or, mon ami, en entrant dans les ordres, j'ai fait comme toi, je me suis dépouillé de toute fortune au profit de ma famille.

« Hélas ! ma fortune m'est revenue. Tous mes neveux sont morts et je me trouve presque riche.

« Tu penses bien que je n'ai pas besoin d'argent, moi pauvre apôtre ; mais les pauvres en ont besoin, et je vais voir à distribuer cet argent de mon mieux.

« As-tu beaucoup de pauvres dans ta commune ? Veux-tu dix mille francs pour leur constituer une rente annuelle de cinq cents francs ?

« Réponds-moi, et si tu as conservé ta belle santé de jadis, si les quatorze lieues qui nous séparent ne t'effrayent pas, viens me voir !...

« Ton ami,

« MOULIN. »

Le curé Duval achevait la lecture de cette lettre lorsque Mignonne entra.

La pauvre enfant avait les yeux tout rouges, tant elle avait pleuré.

Le vieux prêtre lui tendit la lettre :

— Lisez, mon enfant, dit-il.

Mignonne lut, puis elle leva sur M. Duva un regard timide.

— Eh bien? dit-elle.

— Eh bien! dit le curé, M. Anatole est sauvé. Mon vieil ami Moulin me prêtera les six mille francs. Et si, par impossible, il ne pouvait prendre cette somme que sur les dix mille francs qu'il réserve aux pauvres de ma paroisse, eh bien! que cet argent soit placé chez M. Anatole ou ailleurs, qu'importe! Je suis certain qu'il payera les intérêts avec d'autant plus de régularité qu'il aura les pauvres pour créanciers.

— O mon Dieu! vous êtes bon! murmura Mignonne en joignant les mains et fondant en larmes.

Mais comme le vieillard la prenait dans ses bras, la porte de la salle basse s'ouvrit et Bigorne entra tout effaré.

— Seigneur! seigneur! disait-il, quel malheur!

— Qu'as-tu donc? que t'arrive-t-il, grand imbécile? dit le curé.

— L'huissier est revenu.

— Eh bien?

— Il a collé une grande affiche jaune à la porte de la mairie,

— Bon! fit M. Duval, après?

— Et l'affiche dit que le château sera vendu dans huit jours.

— Eh bien! dit le curé, dans huit jours, ce n'est pas demain.

— Comment! exclama le sacristain, stupéfait du calme de son curé, ça ne vous fait pas plus d'effet?

— Nous allons voir à parer le coup, dit le prêtre. Va seller Coco, nous partons dans une heure.

Bigorne sortit tout ahuri de ce sang-froid.

— Mon enfant, dit M. Duval à Mignonne, il est inutile, pour ne pas dire dangereux, qu'on sache à Saint-Florentin que nous allons trouver de l'argent. Ce misérable Jouval se croit certain du triomphe, et il vaut mieux le laisser dans cette conviction jusqu'à la dernière heure.

— Oh! vous avez bien raison, monsieur le curé, dit Mignonne, qui songea, en frissonnant, au Mulot.

— C'est pour cela que je n'ai rien dit à Bigorne, qui est un bavard et s'en irait courir sur la place et colporter la nouvelle. Je vais manger un morceau à la hâte, je voyagerai toute la nuit, et demain matin, je serai à C...

J'y passerai la nuit avec mon vieil ami, et après-demain je serai de retour.

— Mais, dit Mignonne, ne pourrai-je, au moins, courir au château?...

Et, parlant ainsi, elle songeait au coup terrible qui avait dû frapper son cher Anatole, à la vue de cette terrible affiche.

— Sans doute, mon enfant, dit le curé, vous irez au château, et vous montrerez même cette lettre que je viens de recevoir; mais attendez qu'il soit tout à fait nuit. Il ne faut pas que les oisifs, pour qui tout est commentaires, puissent établir une coïncidence entre votre sortie du presbytère et mon départ, rapprochés de votre visite au château. Vous allez souper avec moi.

Il était alors un peu moins de six heures du soir. Le vieux curé appela Marianne et la pria d'avancer l'heure du souper.

— Seigneur Dieu! fit la vieille fille, vous allez encore en route, monsieur le curé, mais vous vous tuerez à ce métier-là !

— Eh bien, si je me tue, dit le curé en souriant, c'est que Dieu l'aura voulu, et, comme je suis son serviteur, tout sera dans l'ordre.

....

Une heure après, M. le curé Duval, qui était

loin de se douter qu'à cette heure Anatole était en possession des 7,000 francs prêtés par une main inconnue, enfourchait son grand bidet et emmenait avec lui, de peur qu'il ne commît quelque indiscrétion, Bigorne, qui se reprit à trotter devant le vieux cheval.

Le curé passa par Ingrannes et entra au presbytère chez son confrère, qui achevait son repas du soir.

Il venait le prier d'aller dire pour lui la messe à Saint-Florentin le lendemain.

Le bidet souffla quelques minutes, le prêtre voyageur se chauffa un moment; Bigorne avala, pour se réconforter, deux assiettées de soupe, bien qu'il eût fait un assez bon repas avant de quitter Saint-Florentin, et on perdit ainsi une demi-heure.

Pour aller, d'Ingrannes, rejoindre la route de Pithiviers, il fallait passer devant la Renardière. A un quart de lieue de l'ancienne demeure de son ami défunt le commandant Richaud, le bon curé avait pris un amble modéré, de façon à ne pas essouffler son ami Bigorne; lorsque le trot lourd d'un cheval de ferme se fit entendre derrière lui.

Un homme que le curé reconnut sur-le-champ pour être Michel, l'ancien brosseur du commandant, débouchait par une des lignes de la forêt.

— Bonsoir, monsieur le curé, dit Michel en ralentissant l'allure de son percheron et le rangeant côte à côte du bidet fleur de pêcher.

— Bonsoir, Michel, répondit assez froidement le curé.

— Monsieur le curé, reprit Michel avec tristesse, je vois bien que vous m'en voulez d'être resté à la Renardière, après tout ce qui est arrivé... Mais que voulez-vous? il y avait si longtemps que j'étais dans la maison... Sans doute il est arrivé un grand malheur... Mais est-ce ma faute? Et puis, voyez-vous, j'ai vu naître le petit... et c'est tout le portrait de notre pauvre commandant...

— Michel, dit sévèrement le curé, vous ne me devez aucun compte de votre conduite...

— Le pauvre petit, continua Michel, voici huit jours que la mère le veille jour et nuit.

— Il est donc malade? fit le curé en tressaillant.

— Nous avons manqué le perdre... aussi la mère est comme une folle...

Le curé s'arrêta brusquement :

— Quel mal a-t-il donc?

— Nous n'en savons rien... le médecin de Loris non plus...

Et Michel parlait d'une voix émue.

— Quand je suis parti, reprit-il, il allait un peu mieux, mais si peu...

— Et quand êtes-vous parti de la Renardière, Michel?

— A quatre heures, monsieur le curé.

Puis, après avoir hésité un moment, Michel ajouta :

— Ah! monsieur le curé, vous devriez bien venir le voir... Qui sait? Vous rassureriez peut-être la mère, qui perd la tête.

M. Duval fit un soubresaut sur sa selle.

La naïve proposition de Michel avait quelque chose de révoltant.

Quoi! lui, l'ami de feu le commandant, le protecteur de la pauvre nièce déshéritée, il franchirait le seuil de cette demeure souillée qui abritait peut-être un assassin!

Quoi! il irait porter ses consolations aux spoliateurs, lui, l'ami des spoliés!

Il se posa cette question avec une sorte d'horreur; mais sa conscience lui cria aussitôt :

— N'es-tu pas le ministre de Dieu? N'es-tu pas le représentant de la charité divine sur la terre? N'es-tu pas le prêtre qui doit à tous ses consolations et ses prières?

Et le prêtre fit taire l'homme et répondit à Michel :

— Eh bien, allons à la Renardière.

CHAPITRE XLII

Michel prit le cheval du curé par la bride, tandis que le vieillard mettait pied à terre dans la cour de la Renardière.

Le curé entra.

Ce fut la Dorothée qui le conduisit jusqu'au premier étage, où l'enfant était couché.

La Martine était assise au chevet de son fils.

Quand elle vit le prêtre, elle leva sur lui un regard à la fois craintif et reconnaissant.

Les douleurs de la mère avaient calmé les emportements de la femme.

En toute autre circonstance, peut-être n'eût-elle vu en lui que son ennemi, le protecteur de

Mignonne, l'homme qui avait tout fait pour obtenir l'acquittement de Rossignol.

Mais elle ne se trompa point au but de la visite du prêtre.

Il venait visiter l'enfant malade.

C'était le ministre de Dieu et non pas l'homme qui entrait.

M. Duval s'approcha du lit et regarda attentivement l'enfant.

Il était pâle, grelottant, son œil vitreux trahissait la fièvre.

Sa mère le considérait d'un air affolé, comme s'il eût été sur le point de mourir.

Le curé prit le bras du petit malade et put se convaincre que la fièvre était très-forte.

Puis il l'amena à ouvrir la bouche, et il examina la langue qui était blanche et chargée.

Alors se tournant vers la mère :

— Depuis quand est-il ainsi ?

C'était la première parole que le vieux prêtre prononçait depuis qu'il était dans la chambre.

— Je ne sais pas, répondit la Martine qui fondit en larmes, il est comme ça depuis trois jours.

— Vous avez fait venir un médecin ?

— On est allé chercher M. Chivot, le frère du notaire.

— Que dit-il?

— Rien, il ne sait pas.

— Il n'a pas défini la maladie?

— Il croit que c'est le croup.

Et la Martine prononça ce nom avec terreur.

Le curé haussa les épaules.

— Votre fils, dit-il, a passé l'âge où les enfants ont le croup, et M. Chivot aurait dû y songer. L'enfant n'est pas en danger.

La Martine jeta un cri.

— Vrai! dit-elle.

— Il n'est pas en danger s'il est bien soigné, continua le curé. Je vais vous faire une ordonnance. Mettez un domestique à cheval et envoyez-le chez les sœurs de Fay-aux-Loges, qui tiennent une petite pharmacie.

— Et mon enfant guérira! s'écria la Martine avec une explosion de joie.

— Il guérira, répondit le curé, si on fait bien tout ce que j'aurai ordonné.

La Martine s'était élancée au dehors, laissant le curé auprès de son fils.

Elle trouva Michel au rez-de-chaussée, disant à la Dorothée :

— C'est moi qui ai amené le curé Duval. Je suis sûr qu'il va guérir l'enfant.

— Michel, dit la Martine, il faut repartir.

— Je suis prêt, madame.

Depuis longtemps déjà Michel disait « madame » en parlant à la Martine.

— Tu vas aller à Fay-aux-Loges...

— Quatorze kilomètres, murmura Michel à part lui.

— Chez les sœurs qui tiennent une pharmacie, chercher un remède dont M. le curé de Saint-Florentin va faire l'ordonnance.

Et elle remonta auprès de son fils, emportant une plume et de l'encre qu'elle avait prises au rez-de-chaussée, sur la table du salon.

Le curé écrivit l'ordonnance, puis il se tourna vers Michel, qui avait suivi la Martine jusqu'au seuil de la chambre :

— Certainement, lui dit-il, les sœurs seront couchées quand vous arriverez; mais elles ont une sonnette de nuit.

Elles se lèveront. Il faut une demi-heure pour préparer la potion que je demande.

— Ça presse, n'est-ce pas? fit Michel, qui regarda le curé d'un œil anxieux.

L'enfant souffre beaucoup, il faut le soulager au plus vite.

— Je ne flânerai pas en route, répondit Michel, je vais prendre *Caramba*, le vieux cheval du commandant, c'est encore la meilleure bête des écuries.

La Martine sortit sur les pas de Michel et lui dit tout bas :

— Je perds si bien la tête depuis que mon pauvre enfant est ainsi, que j'ai oublié de te demander ce que tu avais fait à Saint-Florentin.

— M. Anatole a pris les sept mille francs.

Il ne voulait pas... il résistait... mais j'ai posé l'argent et le billet sur la table, et je me suis sauvé. Du reste, acheva Michel, l'argent n'arrivait pas trop tôt.

— Ah ! fit la Martine en tressaillant.

— On venait d'afficher la vente.

— Le misérable ! murmura la Martine, faisant allusion à son frère le Mulot.

Puis elle rejoignit le curé.

Ce dernier continuait à examiner le petit malade et à étudier le mal dont il était atteint.

Il se fit raconter par la mère les circonstances et les événements qui avaient précédé la maladie ; et, quand elle eut fini, elle s'agenouilla devant son fils et se mit à le baiser sur le front avec délire.

— Rassurez-vous, dit le curé ; je vous le répète, il n'est pas en danger de mort.

Michel était parti.

Bigorne se chauffait au coin du feu de la cuisine et causait avec la Dorothée qui disait pis que pendre de son ancien maître, M. Maurel.

Le curé se souvint qu'il ne s'était pas mis en route pour la Renardière, mais bien pour Pithiviers, et il dit à la Martine :

— Maintenant que vous voilà rassurée...

Et il fit mine de se lever.

Mais la Martine leva sur lui un œil suppliant.

— Ne me quittez pas, pria-t-elle, au moins avant le retour de Michel.

— Je le veux bien, dit le prêtre.

Et il s'assit de nouveau au chevet de l'enfant.

Seulement, comme il répugnait au vieillard de causer avec la Martine de toute autre chose que de la maladie de son enfant, et qu'il voulait éviter avec elle toute conversation relative soit à Mignonne, soit aux poursuites exercées par son frère contre M. de Misseny, le curé répondit :

— Alors, je vais lire mon bréviaire.

La Martine demeura silencieuse et farouche, ne quittant pas son enfant des yeux,

Trois heures s'écoulèrent. Il était près de minuit, lorsqu'on entendit retentir au loin le galop d'un cheval.

— C'est Michel qui revient, s'écria la Martine en s'élançant au dehors pour aller à sa rencontre.

Le curé prit les mains de l'enfant.

La fièvre était arrivée à son paroxysme, et le délire l'accompagnait.

La Martine revint avec la potion.

— Donnez-moi une cuiller et de l'eau tiède, dit le curé.

— O mon Dieu! mon Dieu! voyez, monsieur le curé, s'écria la mère, voyez comme il tourne les yeux... Mon Dieu! il ne me reconnaît plus... Auguste! Auguste! mon enfant...

— Il a le délire, dit le curé, mais nous allons le calmer.

Et il se mit à préparer la potion.

Il fallut ouvrir de force la mâchoire serrée du petit malade pour lui faire prendre une cuillerée du remède.

La Martine se tordait les mains de désespoir, car il lui semblait que le mal empirait.

Mais, ô miracle! moins d'un quart d'heure après qu'il eut pris la première cuillerée de potion, l'enfant qui s'agitait convulsivement sous ses couvertures, se calma peu à peu ; son œil fixe retrouva une lueur intelligente, et il appela sa mère.

— Voyez-vous? dit le curé, la potion commence à agir.

L'enfant prit de bonne volonté la seconde cuillerée qu'on lui présenta.

Le délire avait cessé.

Puis peu à peu ses yeux se fermèrent et le sommeil le prit.

Alors la Martine tomba à genoux :

— Mon Dieu ! dit-elle, voici quatre nuits qu'il n'avait pas fermé l'œil !

. . . .

Le curé attendit le jour à la Renardière.

Comme apparaissaient les premiers rayons de l'aube, l'enfant dormait encore, d'un sommeil égal et paisible.

Cette fois, le curé songea à continuer son chemin.

— Je vais à Pithiviers, dit-il à la Martine. Je reviendrai demain, peut-être même ce soir un peu tard. Je repasserai par ici et nous verrons comment va votre fils. Mais je le crois hors de danger.

— Oh! vous êtes un saint homme de Dieu! s'écria-t-elle avec un élan de reconnaissance.

Et elle voulut prendre la main du prêtre et la baiser.

Mais elle ne la porta point à ses lèvres :

— Non, non, murmura-t-elle, je n'en suis pas digne...

Le prêtre ne dit rien; mais, il laissa peser sur elle ce regard sévère et doux à la fois qui lui avait gagné tous les cœurs.

— Adieu, dit-il, au revoir... du moins.

Et il se dirigea vers la porte.

La Martine, en ce moment, fut prise d'un tel élan de reconnaissance, qu'elle faillit se jeter aux pieds du vieillard et peut-être lui faire l'aveu de ses fautes.

Sans doute le prêtre le devina, car il répéta avec douceur :

— Au revoir !

Le regard de la Martine était tombé sur son fils endormi...

Et les paroles qui montaient de son cœur à ses lèvres ne les franchirent point...

Avouer, n'était-ce pas dépouiller cet enfant qui était le fruit de ses entrailles ?

Le prêtre avait deviné le premier élan, il devina la lutte qui s'était engagée dans le cœur de la femme coupable...

Quand il vit la mère regarder son fils, il comprit que la bonne cause était perdue.

La Martine était mère avant tout!

— Allons! disait-il en enfourchant son cheval que Bigorne tenait par la bride, mon espérance a duré ce que dure une illusion... Dieu a ses vues secrètes, sans doute.

Et le vieux prêtre se remit en chemin comme le premier rayon de soleil glissait à la cime des grands arbres de la forêt.

CHAPITRE XLIII

L'ivresse du Mulot fut longue, et son sommeil, traversant la nuit et la matinée du lendemain, durait encore vers les deux heures de l'après-midi.

Enfin il s'éveilla et se retrouva dans son lit, où la Chevrette l'avait transporté à grand'peine.

Un rayon de soleil couchant passait au travers de la fenêtre entr'ouverte, et l'air était doux comme au printemps.

Le Mulot eut dabord le regard égaré, et sembla se demander comment il pouvait être au lit à pareille heure. Mais, grâce à la présence de la Chevrette, qui ne l'avait point quitté, il eut bientôt retrouvé la mémoire.

— Tu étais joliment pochard hier, mon homme, lui dit la femme sauvage.

— C'est bien possible, répondit le Mulot.

— Que t'est-il donc arrivé ?

Le Mulot promena autour de lui un regard farouche.

— Mais parle donc... insista la Chevrette.

— Après ça, reprit M. Maurel, je n'ai rien de caché pour toi et je vas tout te dire.

— Voyons.

— Tu sais que j'avais envie de devenir maire de Saint-Florentin.

— Excusez ! dit la Chevrette avec dédain; pourquoi pas gendarme, puisque tu y es ?

— Enfin, n'importe ! c'était mon idée.

— Va toujours, mon homme.

— Pour ça, M. Jouval m'avait promis un coup de main.

— Ah ! c'est pour ça, dit la Chevrette, que tu as acheté le billet du père Jaubert ?

— Oui.

— Et que tu veux faire vendre le château à M. Anatole ?

— Hélas ! soupira le Mulot, c'est fini, on ne le vendra pas.

— Pourquoi donc ça ?

— Mais, parce qu'il a trouvé de l'argent et qu'il a payé.

— Quand ?

— Hier soir.

— Qui donc lui a prêté de l'argent ?

— Voilà ce que je ne sais pas bien sûrement, mais ce dont je me doute.

— Et qui as-tu en doutance ?

Le Mulot hésita :

— Ah ! tonnerre ! dit-il, si je savais cela... si j'en avais la preuve !... je ficherais le feu à la Renardière.

Ces derniers mots firent faire à la Chevrette un véritable soubresaut.

— La Martine ! exclama-t-elle, tu crois que c'est la Martine ?

— Oui.

La Chevrette changea tout à coup d'attitude.

— Eh bien, dit-elle, moi je ne le crois pas, j'en suis sûre.

— Toi ?

— Vrai. Comme je venais ici hier soir... à travers champs, j'ai rencontré dans le chemin des vignes un homme à cheval qui s'en retournait de Saint-Florentin.

— Et cet homme ?...

— C'était ce brigrand de Michel, le garde

de ta sœur. Car, pour moi, dit la fille sauvage avec un accent de haine vivace, tous les gardes sont des brigands.

— Michel! il revenait de Saint-Florentin?

— C'est-à-dire, non, il venait du château.

— Comment le sais-tu?

— Tu sais que le chemin des vignes se fourche à un certain endroit.

— Oui, une des branches va à Saint-Florentin, l'autre au château.

— Eh bien, je n'y ai pas fait grande attention alors, mais je m'en souviens parfaitement à présent, c'est la fourche qui mène au château qu'il avait suivie.

— Comment le sais-tu?

— J'ai vu les pieds du cheval.

Le Mulot sauta à bas de son lit, et, comme il était tout vêtu, il se contenta de passer la main dans ses longs cheveux pour les repousser en arrière et dégager son front.

A sa violente colère avait succédé tout à coup un sang-froid terrible.

— Qu'est-ce que tu veux faire, mon homme? dit la Chevrette timidement.

— Je te l'ai dit, je vais aller mettre le feu à la Renardière.

— Pourquoi donc?

— Mais, pour me venger de la Martine, répondit le Mulot.

La Chevrette le regarda.

— Attends donc un peu, fit-elle.

— Pourquoi attendre?

— Parce qu'il faut toujours jaser un brin d'une affaire avant de l'entreprendre. D'ailleurs, ce n'est pas le jour qu'on met le feu, c'est la nuit, et il n'est pas encore soleil couché.

La Chevrette parlait avec un tel sang-froid qu'elle domina le Mulot.

Celui-ci courba la tête et dit :

— Eh bien, jasons...

La Chevrette s'assit et continua :

— Si la Martine a prêté de l'argent au monsieur du château, c'est une gueuse, et si on brûle la Renardière, ce sera bien fait.

— Oh! mais oui... et je mettrai le feu moi-même.

— Non, dit la Chevrette.

— Plaît-il?

— Tu es mon homme, et je ne veux pas qu'il t'arrive malheur.

Le Mulot tressaillit.

— Mais il faut pourtant que je me venge! dit-il.

— C'est bien sûr; mais écoute moi...

— Voyons.

— Tu es tranquillement ici, au coin du feu, ou bien au café de l'Univers et tu joues au billard.

— Bon!

Une servante de la Renardière va traire une vache, prend une chandelle au lieu d'une lanterne, laisse tomber une étincelle dans le fourrage et met le feu à la grange.

— Après? dit le Mulot, qui regardait attentivement sa compagne de brigandage.

— Le feu couve toute la soirée, poursuivit la Chevrette; au milieu de la nuit les flammes se font jour, gagnent la maison où tout le monde dort, et pour peu que le vent y soit, personne n'a le temps de se sauver.

— Après? répéta le Mulot.

— La Martine brûle, le petit Auguste brûle.

— Et je suis vengé! dit le misérable.

— Non, tu hérites de ta sœur et de ton neveu qui sont morts, dit froidement la Chevrette.

Le Mulot fit un pas en arrière et son visage s'empourpra.

La Chevrette venait de lui ouvrir un nouvel horizon.

— C'est pardine vrai! s'écria-t-il. Alors raison de plus...

— Pour quoi ?

— Pour mettre le feu à la Renardière.

— Non, dit la Chevrette. Parce que la Renardière brûlée, les gendarmes viennent ; ils devinent tout, ces brigands. Pourquoi donc qu'on a mis le feu ? Pour brûler la mère et le petit ; bon ! Mais à qui que ça profite ? A toi, rien qu'à toi.

On t'emmène à Orléans, on te tourne, on te retourne, et tu finis par avouer.

— Continue, dit froidement le Mulot.

— En place de ça, reprit la Chevrette, tu es resté toute la soirée au café de l'Univers à jouer au billard. Pendant ce temps-là la Renardière flambait comme une meule de foin sec.

Il te sera facile de prouver que ce n'est pas toi qui as mis le feu, puisque tu n'auras pas quitté Saint-Florentin.

— Mais qui donc le mettra ?

La Chevrette regarda le Mulot avec un sombre enthousiasme :

— Mais tu n'es donc pas mon homme ? dit-elle.

— Si. Eh bien ?

— Eh bien ! pourquoi donc que c'est faire une femme ?

— Tu mettrais le feu, toi !

— Oui.

— Mais quand?...

— Quand tu voudras.

Le monstre eut alors un sentiment humain.

— Mais si l'on te prend, toi, dit-il.

— Bah! fit-elle, on ne m'appelle pas la Chevrette pour rien... les gardes ne m'ont jamais prise... et les gendarmes ne courent pas aussi vite que les gardes... et puis, on ne pensera seulement pas à moi...

....

Ce soir-là, on vit la Chevrette dans les rues de Saint-Florentin, un panier au bras, allant chercher des provisions pour le dîner de son homme.

Il fut avéré pour tout le monde que la Chevrette renonçait à sa vie vagabonde et se mettait décidément servante chez M. Maurel.

A huit heures du soir, ce dernier fit son entrée au café de l'Univers, bien décidé à n'en sortir que le dernier.

A neuf heures, la Chevrette couvrit le feu de la cuisine, monta dans la chambre qu'occupait la Dorothée quand elle était encore au service du Mulot, et y alluma une lampe auprès de la fenêtre.

Les gens qui passaient sur la route, voyant la lumière, disaient :

— C'est la nouvelle servante à M. Maurel qui rapetasse ses nippes.

Mais les bonnes gens se trompaient...

La Chevrette était partie depuis longtemps, agile et silencieuse comme l'animal dont elle portait le nom, et elle trottait maintenant sous bois dans la direction de la Renardière.

CHAPITRE XLIV

La Chevrette courait, courait, sautant les fossés, se glissant à travers les broussailles, suivant parfois un faux chemin et, comme on dit, gagnant au plus court.

Elle passa comme un éclair devant la maison du brigadier Lebouteux.

Au lieu de l'éviter, elle s'approcha et se dressa sur la pointe des pieds devant la fenêtre.

Le brigadier, sa femme et ses enfants étaient auprès du feu.

Le brigadier avait ôté ses jambières et quitté son uniforme. C'était une preuve qu'il ne comptait pas ressortir le soir.

La Chevrette continua son chemin.

Elle descendit à la ferme de la Grenouillère et s'arrêta un moment devant la mare qui avait donné son nom à la petite métairie.

Les gens de la Grenouillère étaient couchés et on ne voyait aucune lumière briller à l'intérieur.

Cependant la Chevrette ne poursuivait pas son chemin. Elle s'était assise au bord de la mare et paraissait réfléchir.

Un nom vint même à ses lèvres :

— Minos!

Qu'était-ce que Minos?

C'était un chien, un molosse, le chien de garde de la Renardière.

Quand tout le monde dormait au château, Minos veillait.

Les chiens de chasse étaient enfermés au chenil, le chien d'arrêt du commandant couchait dans la maison.

Minos, sentinelle vigilante, errait par les cours, les écuries et les granges, chiche de voix, mais l'œil enflammé, la gueule béante.

Les mendiants et les vagabonds le savaient bien.

Si l'un d'eux eût songé à aller demander l'hospitalité dans la grange, Minos lui aurait sauté à la gorge et l'aurait étranglé, sans même se donner la peine d'aboyer, jaloux qu'il était de ne pas troubler, pour une bagatelle semblable, le sommeil de ses maîtres.

Et pour mettre le feu, il fallait pénétrer dans la grange, et, dans son dévouement pour le Mulot, la Chevrette avait oublié Minos.

Minos n'était ni un boule-dogue, ni un mâtin, ni même un de ces énormes chiens de montagne qui viennent des Pyrénées ou des Alpes. Minos était un lévrier d'Afrique, un de ces slonghis féroces que les Arabes élèvent pour garder leurs tentes.

Le commandant, à sa dernière campagne, s'en était emparé à la suite d'une razzia, non sans avoir fait au préalable connaissance avec les dents terribles et laissé la moitié de son burnous dans la gueule du féroce animal.

Minos n'avait alors que deux ans.

Minos avait maintenant plus de quinze ans; mais il était aussi robuste que dans sa jeunesse.

Seulement, il s'était un peu civilisé, et quiconque était familier à la Renardière n'avait rien à craindre de lui.

Le Mulot serait venu de nuit à la Renardière que Minos lui aurait léché les mains.

Mais la Chevrette! c'était une autre affaire...

il ne la connaissait pas et il l'eût étranglée sans pitié...

La Chevrette ruminait donc dans sa tête un moyen d'apaiser Minos, et elle demeurait assise au bord de la mare, jetant des petits cailloux dans l'eau, lorsqu'une véritable inspiration lui vint.

Elle songea à Ferdinand, le tueur de chiens.

Cet homme, qui détruisait les chiens des autres, avait une chienne qu'il n'aurait pas donnée en échange d'une fortune.

Issue d'un chien de vache et d'une chienne d'arrêt, cette bête entachée de bâtardise avait un nez d'enfer et faisait tuer plus de gibier à son maître que le braque le mieux dressé.

Or, un peu avant le coucher du soleil, comme elle s'en allait à Saint-Florentin, la Chevrette avait rencontré Ferdinand, son fusil de bois sous sa blouse, qui s'en retournait chez lui.

Ferdinand n'avait pas sa chienne.

La Chevrette lui avait dit :

— Est-ce qu'on t'aurait rendu la pareille en te tuant Belaude ?

— Il n'y a pas de danger, avait répondu le tueur de chiens. Elle est à la maison.

La Chevrette, que cela n'intéressait pas davantage, avait continué son chemin.

Mais à présent, en songeant à Minos, elle se souvenait de sa conversation avec Ferdinand.

Aussi elle prit son parti sur-le-champ.

Il y avait une bonne lieue de la Grenouillère à Ingrannes; mais les gens qui ont à cœur le désir de faire le mal n'y regardent pas de si près.

La Chevrette reprit sa course, tournant le dos au chemin de la Renardière, et se dirigeant vers Ingrannes.

En moins de trois quarts d'heure elle eut franchi la distance qui séparait la Grenouillère de la maison de Ferdinand.

Celle-ci était bâtie à la lisière de la forêt.

Ferdinand était veuf et vivait seul.

Il donnait à façon ses trois arpents de terre et ne voulait personne avec lui.

La Chevrette s'était dit :

— La lune est nouvelle; c'est un bon temps pour l'affût, et certainement Ferdinand est en forêt.

Elle ne se trompait pas.

Elle frappa doucement; un aboiement lui répondit.

Belaude était enfermée, et Ferdinand était absent.

Le paysan qui ferme sa maison emporte rarement la clef.

Il se contente de la cacher sous une pierre ou dans un trou du mur.

La Chevrette fourra ses bras dans une lézarde qui se trouvait auprès de la porte et en retira la clef.

Quand la chienne qui aboyait toujours entendit tourner la clef dans la serrure, elle se tut.

La Chevrette ouvrit la porte et entra.

La chienne qui la connaissait vint la caresser.

La Chevrette lui passa son tablier roulé en guise de corde autour du cou et l'emmena, ne prenant même pas la peine de refermer la porte.

Il pouvait être alors dix heures du soir.

Belaude avait le caractère de son maître et son humeur indépendante.

Elle ne suivait personne, et si la Chevrette ne l'eût pas tenue à l'attache, elle se serait sauvée.

Elle se débattit même et commença par refuser de marcher.

Mais la Chevrette lui allongea deux ou trois coups de pied et l'animal se soumit.

D'Ingrannes à la Renardière il y avait presque aussi loin que de la Renardière à Saint-Florentin.

Mais la Chevrette avait un jarret qui justifiait son nom.

Et puis, elle ne tenait pas à arriver au terme de sa course avant minuit où une heure du matin.

La nuit était étoilée, mais la lune absente.

Comme tous les gens qui vivent à la campagne, la Chevrette connaissait l'heure aux étoiles.

Elle calcula qu'il était onze heures du soir, lorsqu'elle repassa devant la Grenouillère, traînant toujours la chienne après elle.

Il était plus près d'une heure du matin que de minuit, lorsqu'elle parvint à la lisière opposée de la forêt et vit se détacher en vigueur sur le ciel déjà noir la masse noire et confuse de la Renardière.

Cependant elle s'arrêta tout à coup, inquiète, l'oreille au vent.

Il lui avait semblé entendre derrière elle un bruit de feuilles mortes froissées par un pied humain.

— Cherche! cherche! dit-elle à la chienne, sans toutefois lui rendre la liberté.

Mais la chienne se contenta de pointer les

oreilles, puis elle continua à tirer sur la corde pour s'échapper.

— C'est le vent, pensa la Chevrette.

Et elle se remit en marche.

En effet, le vent commençait à s'élever des profondeurs de la forêt, et il secouait la chevelure emmêlée et flottante de la Chevrette.

Il soufflait du sud; c'était, comme on dit, le vent du bas.

La Chevrette le remarqua et se dit :

— C'est une bonne affaire; les granges sont au midi, le vent poussera les flammes vers le nord.

Elle se glissa alors, en rampant, le long de la haie qui conduisait au potager, traînant toujours la chienne après elle.

La Renardière était silencieuse et plongée dans les ténèbres.

Aucune lumière aux croisées, aucun être vivant à l'entour.

Les bâtiments d'exploitation, les granges, la cour de la ferme étaient entourés d'une muraille à hauteur d'appui, fermée par une claire-voie.

C'était dans cette enceinte que, très-certainement, rôdait le vigilant Minos.

La Chevrette se glissa jusqu'au mur, détacha la chienne de Ferdinand, la prit dans ses bras et la jeta de l'autre côté.

En retombant sur ses pattes, la chienne aboya.

Mais comme les chiens du chenil hurlaient souvent pendant la nuit, ce n'était pas là un bruit de nature à donner l'éveil à tout autre qu'à Minos.

Ce que la Chevrette avait prévu arriva. Minos bondit vers la chienne qui se mit à fuir.

Minos la poursuivit.

Alors la Chevrette courut à la claire-voie qui ne fermait qu'au loquet et l'ouvrit toute grande.

La chienne, voyant une issue, se sauva.

Minos la poursuivit encore, sortit après elle de la cour, et passa à dix pas de la Chevrette sans l'avoir éventée.

La chienne n'avait plus qu'un désir et qu'un but, retourner chez son maître.

Le lévrier, dont la vieillesse avait diminué l'agilité première, eut quelque peine à la suivre, car elle fuyait au galop, mais il la suivit néanmoins...

Alors la Chevrette murmura :

— Maintenant, à l'œuvre ! Ce n'est pas le chien qui me dérangera !

CHAPITRE XLV

La Chevrette se glissa donc dans la cour et referma la claire-voie, de peur que le chien ne revînt, ce qui du reste était peu probable.

Cependant, avant d'aller plus avant, elle se retourna encore et regarda, toujours inquiète, car il lui avait semblé de nouveau entendre marcher derrière elle.

En effet, au bord de la forêt, dans le lointain, elle crut voir une forme plus noire que celle d'un tronc d'arbre.

En même temps, cette forme disparut et rentra sous bois.

La Chevrette hésita encore un moment.

— Bah! dit-elle enfin, tout ça, c'est de la

faignantise. Si quelqu'un était après moi, il m'aurait rattrapée.

Et elle marcha résolûment vers les granges qui, nous l'avons dit, se trouvaient au sud du bâtiment de maître.

Le vent s'élevait de plus en plus violent.

La Renardière, nous l'avons dit encore, était plutôt une maison bourgeoise qu'un château; néanmoins il s'y trouvait une tour au milieu de la façade, et cette tour servait de vis à l'escalier.

Entre les granges et la maison se trouvait un tas de bois.

La Chevrette comprit tout de suite que ce bois serait un trait d'union pour l'incendie.

Elle marchait ou plutôt elle rampait avec précaution le long des murs, s'arrêtant au moindre bruit, puis continuant à avancer.

Cependant, mettre le feu aux greniers à fourrages n'était pas l'unique but de la Chevrette.

Les granges pouvaient brûler, mais ce n'était pas dans les granges que couchaient la Martine et son fils.

C'était donc le château qu'il fallait brûler.

Comment?

La Chevrette continua son inspection.

Auprès de la tour dans laquelle s'ouvrait la porte d'entrée, il y avait une écurie.

Cette écurie était réservée aux chevaux de chasse du vivant du commandant.

Si, par hasard, il s'y trouvait quelques bottes de paille, les poutres, la mangeoire et le ratelier flamberaient comme un feu de paille, gagneraient le vestibule et l'escalier, et intercepteraient aussitôt toute communication entre le premier étage et le rez-de-chaussée.

La Chevrette se glissa jusqu'à cette écurie et s'aperçut qu'elle était fermée au loquet seulement.

Elle entra avec son audace habituelle, et un hennissement se fit entendre.

C'était le vieux cheval du commandant, tout seul maintenant dans l'écurie, qui tirait sa paille au lieu de dormir.

Le cheval était dans un box.

De l'autre côté du box, Michel avait entassé dans la soirée une douzaine de bottes de paille.

La Chevrette tressaillit d'aise.

Elle avait apporté de Saint-Florentin des allumettes et du chiffon imbibé d'esprit de vin, pour qu'il brûlât moins vite.

Elle n'hésita pas un moment, frotta une allumette contre la mangeoire, mit le feu au chiffon et l'enfonça sous la dernière botte, de façon que l'incendie pût couver un bon quart d'heure.

Puis elle sortit de l'écurie et en referma la porte, ayant bien soin d'arracher la ficelle qui faisait mouvoir le loquet.

La Martine faisait valoir depuis la mort du commandant : les domestiques, à l'exception de Michel et de la Dorothée, couchaient dans les bâtiments de l'ancienne ferme.

Ces bâtiments étaient attenants à la grange.

La Chevrette se dit :

— Pour qu'ils ne puissent pas porter secours à la maison, il faut qu'ils soient occupés eux-mêmes.

Et elle se dirigea vers la grange.

L'étable des vaches était entr'ouverte.

Ce fut par là que la Chevrette entra.

Les vaches mugirent comme le vieux cheval avait henni.

La Chevrette s'arrêta encore.

En même temps les chiens du chenil aboyèrent.

La peur prit la Chevrette et elle faillit revenir sur ses pas.

Mais les hôtes de la Renardière dormaient

si bien sous la protection du volage Minos!

La Chevrette reprit courage ; elle gagna une échelle de meunier qui montait de l'étable au grenier à fourrages.

Deux minutes après, elle recommençait au milieu des meules de foin et de paille l'opération accomplie dans l'écurie du vieux cheval.

Les chiens ne hurlaient plus; les vaches s'étaient remises à ruminer.

La Chevrette se sauva.

Elle redescendit, traversa l'étable, bondit hors des cours et sauta par-dessus la claire-voie.

Un quart d'heure après, elle atteignait la lisière de la forêt.

Et là, elle s'asseyait...

Le génie du mal voulait voir s'élever la première fumée et la première flamme au-dessus des toits de la Renardière.

— Mon homme sera content! disait-elle, il sera riche... il m'épousera!...

C'était la première fois que la Chevrette formait ce vœu ambitieux.

Mais, franchement, le Mulot lui devait bien cela...

Et comme elle s'abandonnait, les yeux fixés sur la Renardière, à ce rêve de haute ambition; le bruit étrange qui plusieurs fois avait retenti déjà à son oreille, se fit entendre de nouveau...

Un bruit de pas sur les feuilles jaunies qui jonchaient le sol.

Mais, cette fois, deux mains vigoureuses s'appuyèrent sur son épaule.

Elle se retourna et jeta un cri.

. . . .

La Chevrette avait un homme devant elle.

Un homme qui la regardait avec des yeux ardents et dont les poignets de fer l'étreignaient comme un étau.

Cet homme, c'était Rossignol dit l'Ecureuil.

— Ah! te voilà! disait-il, nous allons donc causer un brin, la Chèvre!

Et il avait des fureurs comprimées dans la voix.

— Tu me fais mal! lâche-moi! cria la Chevrette épouvantée.

Rossignol se mit à rire.

— Si je te fais mal, dit-il, je serrerai moins fort, pourvu que tu ne m'échappes pas.

— Qu'est ce que tu me veux, grand faignant? lui dit la Chevrette qui se remit un peu de son émotion.

— Je veux jaser un brin avec toi, répondit Rossignol d'un ton moqueur.

— Nos chiens ne chassent pas ensemble, dit-elle sèchement.

— Mais les tiens chassent avec ceux du Mulot.

La Chevrette tressaillit.

— Eh bien ! après ? fit-elle.

— C'est justement à propos du Mulot que je voudrais jaser avec toi, reprit Rossignol.

— Le Mulot n'a rien à faire avec un vagabond comme toi, répondit la Chevrette qui se voyait déjà Mme Maurel.

— J'ai idée autrement, reprit Rossignol ; à preuve que voici une bonne heure que je te suis.

— Ah ! fit la Chevrette qui tressaillit de nouveau, il y a une heure que tu me suis ?

— Oui, depuis la maison de ce brigand de Ferdinand. C'est-y parce que sa chienne était en feu que tu l'as volée ?

— Qu'est-ce que ça te fait ?

— Faut croire que tu avais quelque vol à commettre à la Renardière, que tu as pris tes précautions contre le grand chien jaune.

La Chevrette respira. Rossignol ne savait rien de son crime.

Le vagabond poursuivit :

— Il paraît que le Mulot t'a prise pour servante depuis qu'il est riche.

— Ça se peut bien encore et ça ne regarde personne, dit la Chevrette qui retrouvait peu à peu son audace.

— Mais quand il sera marié, continua Rossignol, te gardera-t-il?

— Marié!

Et la Chevrette se dressa tout d'une pièce et regarda Rossignol d'un air effaré.

— Eh bien! vrai, marié, reprit Rossignol; est-ce que tu ne sais pas ça?

— Je sais que tu es un misérable et un assassin! dit la Chevrette, et que tu voudrais bien me brouiller avec mon homme.

Rossignol ne se fâcha point; mais il ajouta avec un accent convaincu qui perça le cœur de la Chevrette :

— Je vois que le Mulot est plus malin que toi, voilà tout; il te promènera comme ça jusqu'au dernier jour.

La Chevrette affolée répétait machinalement :

— Marié!... marié!...

Puis elle eut une explosion de fureur :

— Et avec qui donc se marie-t-il? dit-elle.

— Il voudrait faire une bonne affaire... Pas bête, le Mulot! Une jolie fille... et beaucoup d'argent... Du moins, quant à l'argent, on verrait à trouver moyen de l'avoir...

— Une jolie fille... balbutiait la Chevrette étourdie.

— Oh! pour ça, oui...

— Et riche?...

— C'est-à-dire qu'on lui a volé son bien... Mais un honnête homme comme M. Maurel... et malin avec ça, ricana Rossignol, trouvera bien moyen de le lui faire rendre...

— Mais de qui donc veux-tu parler? s'écria la Chevrette l'écume à la bouche.

— De la maîtresse d'école de Saint-Florentin, pardieu, de Mlle Mignonne.

La Chevrette jeta un cri de rage, un hurlement plutôt...

Rossignol riait.

— Oh! dit enfin la Chevrette avec un accent de fureur sauvage, s'il avait le malheur de faire une chose pareille!...

Et elle eut un regard qui fit tressaillir Rossignol et lui donna à comprendre qu'il avait peut-être trouvé en elle un auxiliaire.

CHAPITRE XLVI

La Chevrette n'avait jamais aimé qu'un être au monde, — le Mulot.

Ce grand amour lui était venu le jour où le braconnier l'avait sauvée de la dent des chiens dressés par le garde à la chasse de ce singulier gibier.

Elle adorait cet homme laid, elle avait placé sur lui tout ce qu'elle pouvait avoir de bons instincts au fond de son cœur pervers.

Elle voulait bien n'être que la servante, ne point partager cette fortune dont il allait hériter; elle voulait bien continuer à marcher pieds nus, à coucher dans un fourré, à vivre de fruits volés et de nèfles des bois; mais ce qu'elle ne voulait pas, c'était qu'une autre femme lui vînt prendre *son homme*, comme elle disait.

Peut-être sa fureur eût-elle été moins grande, si Rossignol lui avait parlé d'une fille de fermier; mais il avait prononcé le nom de Mignonne.

Et la Chevrette haïssait d'instinct cette créature éthérée ; elle la haïssait d'autant plus qu'elle avait contribué à la dépouiller.

Cependant, après avoir gardé un silence farouche, elle s'écria :

— Tu mens, Rossignol, ce n'est pas possible.

— C'est la vérité pure, dit Rossignol.

— Prouve-le-moi.

— Et si je te le prouve...

— Oh ! fit la Chevrette, je me vengerai !

— Comment ?

Elle tressaillit, et une fois encore elle garda le silence. Mais bientôt sa nature fougueuse et sauvage reprit le dessus.

— Si c'est la vérité, dit-elle, je parlerai !

Ses yeux lançaient des éclairs.

— Ah ! tu parleras, ricana Rossignol.

— Oui.

— Et que diras-tu ?

— Ça me regarde.

Rossignol leva la tête vers les branches d'un arbre qui se trouvait à peu de distance.

— Qu'est-ce que tu regardes ? fit la Chevrette avec défiance.

— Rien, dit Rossignol.

Et il reprit :

— Ah ! tu parleras !

Mais la Chevrette luttait en ce moment contre elle-même. Elle cherchait à s'apaiser et à se persuader que Rossignol mentait.

Celui-ci reprit, après avoir vainement attendu qu'elle parlât :

— Est-ce que tu n'as pas entendu dire à Saint-Florentin que le Mulot avait acheté une créance...

— Oui, la créance des Jaubert sur M. de Misseny.

— Et qu'il le poursuivait...

— Pour faire vendre le château, dit la Chevrette.

— Le Mulot en veut donc à M. de Misseny ?

— Faut croire.

— Mais pourquoi ?

— Je ne sais pas... M. Jouval a envie du château.

Rossignol se mit à rire.

— Pour une fille qui met les gardes sur les

dents, tu n'es pas fine aujourd'hui, ma Chèvre, dit-il.

— Eh bien! dit la Chevrette avec emportement, quand bien même mon homme en voudrait à M. Anatole, qu'est-ce que ça prouve?

— Ça prouve que M. Anatole inspire de la jalousie au Mulot.

— Pourquoi donc ça?

— Parce que M. Anatole est amoureux de Mlle Mignonne.

La Chevrette jeta un nouveau cri.

Et, cette fois, le voile qui pesait sur ses yeux se déchira... il se fit un travail rapide et foudroyant dans son esprit...

Elle se rappela les fureurs du Mulot, voulant tuer son rival d'un coup de fusil, sous le prétexte que celui-ci avait trouvé l'argent nécessaire au payement de sa dette.

Et alors elle comprit tout...

Cet homme qu'elle avait aidé à commettre un premier crime, pour l'amour de qui elle venait d'en accomplir un second, cet homme ne s'était servi d'elle que comme d'un instrument!...

Alors elle eut un véritable accès de rage folle; ce ne fut plus une femme, mais une bête fauve...

Elle ne parla plus, elle hurla...

— Ah! misérable! ah! canaille! disait-elle, oubliant que Rossignol était là, avide de recueillir ses paroles; ah! brigand! tu veux épouser la demoiselle!... et tu crois que je te laisserai faire!...

Mais j'irai la trouver, moi, la Chevrette, qui me fiche de me faire couper le cou autant que de boire un pichet de vendange, j'irai la trouver et je lui dirai : Vous ne savez donc pas que c'est lui et moi qui avons tué Saurin pour lui voler le testament de votre oncle?

Mais à peine ces paroles imprudentes étaient-elles échappées à la Chevrette, qu'une nouvelle réaction se fit en elle...

Elle regarda Rossignol et poussa un cri étouffé... honteuse, éperdue d'avoir livré son secret.

Et Rossignol répondit par un cri de triomphe.

Et soudain une masse noire dégringola du haut de cet arbre vers lequel, tout à l'heure, Rossignol avait levé la tête.

Cette masse noire était un homme qui s'approcha et à qui le braconnier dit encore :

— Eh bien, l'avez-vous entendue?

Comment le brigadier Lebouteux tombait-il là, comme du ciel, pour entendre la Chevrette affolée faire l'aveu de son crime?

C'est ce que nous allons expliquer en peu de mots.

Depuis un mois, Rossignol, le vagabond devant qui se fermaient toutes les portes et que l'opinion publique s'obstinait à désigner comme le meurtrier de Saurin, Rossignol avait paru accepter son triste sort avec plus de résignation.

Quelques secours du curé Duval et de M. de Misseny, quelques assiettées de soupe que la Métivière lui donnait par-ci par-là, lui avaient permis de vivre. Rossignol ne braconnait plus.

Les marchands de gibier n'entendaient plus parler de lui et les gardes ne trouvaient plus de collets dans les endroits de la forêt qu'il continuait à fréquenter; car il s'obstinait à vivre dans les bois qui environnaient la Grenouillère, et gardes et bûcheux l'y rencontraient journellement.

Un jour, il se trouva face à face avec le brigadier Lebouteux.

C'était, comme on dit, *entre chien et loup*. Le soleil était couché et ces vapeurs chargées de fièvre, qui empestent le pays, commençaient à s'élever des mares environnantes.

Le brigadier était un des rares habitants de

la contrée pour qui la culpabilité de Rossignol ne fût pas clairement démontrée.

Plus d'une fois même il avait assez énergiquement soutenu son opinion.

Aussi, un certain soir, Mme Lebouteux, la femme du garde, avait-elle fait entrer le pauvre diable mourant de faim et de froid, et l'avait fait chauffer et manger.

Néanmoins, ce soir-là, le brigadier rencontrant Rossignol à l'angle d'un faux chemin, démasqué tout à coup par une cépée, fronça le sourcil en lui disant :

— Mon pauvre garçon, Dieu m'est témoin que j'ai pitié de toi et que je ne cherche pas à te prendre, mais tu ferais bien de ne pas te trouver sur mon chemin.

Rossignol répondit avec son sourire triste et doux :

— Vous vous trompez, Lebouteux, je ne braconne pas. Je n'ai plus ni fusil, ni collets.

— Tarare ! fit le garde.

— Aussi vrai qu'il y a un bon Dieu et que je suis innocent, reprit Rossignol, je vous jure que je ne braconne pas en forêt.

Il y avait dans la voix, dans le geste, dans l'attitude du pauvre diable un tel accent de conviction, que le brigadier répondit :

— Je te crois; mais que fais-tu toujours en forêt?

— Et où voulez-vous que j'aille? répliqua Rossignol avec plus de douleur que de colère. On me chasse de partout... les enfants me jettent des pierres... Au moins, en forêt, les sangliers, les chevreuils et les lièvres ne passent pas plus vite devant moi que devant un autre, ce qui est une preuve qu'ils ne me méprisent pas.

Le brigadier ne put s'empêcher de sourire de cette naïve réponse.

— Mais, fit-il, je me suis laissé dire que M. le curé de Saint-Florentin t'avait offert le moyen de quitter le pays et d'aller gagner ta vie ailleurs.

— Sans doute, mais je ne veux pas m'en aller.

— Pourquoi?

— Parce que je veux m'*innocenter*.

— Comment cela?

— En trouvant le véritable assassin de Saurin.

— Ah! fit le brigadier qui tressaillit. Tu le connais donc?

— Peut-être... Mais, fit brusquement Rossignol, ce n'est pas tout de savoir où est le coupable, il faut encore le prouver.

— Et c'est difficile, mon garçon.

— J'ai confiance en Dieu...

Et Rossignol, sur ce mot touchant, allait s'éloigner, quand le brigadier le rappela.

— Ecoute, mon garçon, dit-il, si jamais tu as besoin de moi, viens me trouver. A toute heure de jour ou de nuit, je suis ton homme.

Et ils se quittèrent.

Or, Rossignol s'était souvenu sans doute de cette bonne parole, car cette nuit-là, tandis que la Chevrette courait, par la forêt, de Saint-Florentin à la Renardière, et comme le brigadier, dont la femme et les enfants étaient déjà couchés, allait lui-même se mettre au lit, on frappa doucement à la porte.

— Qui est là? fit-il.

— C'est moi, Rossignol, répondit une voix à travers la porte.

— Que veux-tu?

— Vous m'avez fait une promesse, vous en souvenez-vous?

— Oui.

— Eh bien! le moment est venu... je crois que nous allons savoir du nouveau cette nuit.

— Ah! fit le brigadier...

Et il remit ses souliers et reprit son fusil accroché au manteau de la cheminée.

Rossignol l'attendait, assis sur le talus du fossé.

— Où allons-nous? demanda Lebouteux.

— Je ne sais pas encore, répondit tout bas le vagabond... mais c'est égal, venez avec moi... j'ai bon espoir...

Et le brigadier, sans demander de plus amples explications, avait suivi Rossignol.

CHAPITRE XLVII

Quand ils furent à cent pas de la maison de Lebouteux, Rossignol s'arrêta.

— Un moment! dit-il.

Et il se coucha tout de son long, son oreille appuyée sur le sol, pour entendre de plus loin sans doute.

Lebouteux le regardait faire avec une certaine curiosité.

Enfin il se releva et dit :

— Elle descend du côté de la Grenouillère.

— Mais qui donc? fit le brigadier.

— La Chevrette.

L'étonnement du garde redoubla.

— Monsieur Lebouteux, dit Rossignol avec

douceur, je ne suis allé vous chercher que parce que vous me l'aviez permis.

— Eh bien ?

— C'est inutile que je parle maintenant, mais vous verrez bien.

Et il se remit en marche, avançant avec précaution et évitant le plus possible les amas de feuilles mortes qui crient toujours un peu sous les pieds.

A deux cents pas de la Grenouillère, il s'arrêta de nouveau.

— Vous avez de bons yeux, souffla-t-il à l'oreille de Lebouteux, mais pas aussi bons que les miens.

— Tu crois ?

— Je vois la Chevrette assise au bord de la mare.

— Eh bien ?

— Il y a une heure et demie qu'elle est partie de Saint-Florentin. Vous savez que c'est la femme au Mulot.

— Oui, le frère de la Martine.

— Justement.

Lebouteux n'avait pu s'empêcher de tressaillir en entendant prononcer le nom du Mulot.

— Suffit! murmura Rossignol, nous verrons plus tard.

— Mais enfin, dit le brigadier, que veux-tu faire de la Chevrette, mon garçon ?

— Elle manigance un mauvais coup.

— Contre qui ?

— Contre la Renardière et les gens qui l'habitent.

— Comment sais-tu ça ?

— J'étais caché dans un buisson, à la porte de Bellevue. Le Mulot et la Chevrette ont passé tout près de moi.

La Chevrette disait :

— Va-t'en au café de l'Univers, mon homme, moi je me charge de faire le coup à la Renardière.

Alors j'ai suivi la Chevrette.

— Mais, dit naïvement le brigadier Lebouteux, qu'est-ce que ça peut te faire, mon garçon, que le Mulot et la Chevrette se chipottent avec la Martine ? Tout ça, c'est des gens qui ne t'ont pas fait du bien.

— Laissez faire, laissez faire ! dit Rossignol avec un tel accent de haine que le brigadier tressaillit de nouveau.

Cependant, contre l'attente de Rossignol, la Chevrette, après avoir fait une halte au bord de la mare aux grenouilles, n'avait pas pris le chemin de la Renardière, mais bien celui d'Ingrannes.

— Monsieur Lebouteux, dit le pauvre diable, je ne voudrais pas abuser de votre patience. Pourtant, j'ai mon idée...

— Eh bien! suis-la, mon garçon.

— Il ne fait pas bien froid cette nuit, reprit Rossignol d'un ton timide, resteriez-vous bien ici une couple d'heures à m'attendre?

— Soit, dit le brigadier que les façons mystérieuses de Rossignol intriguaient au dernier point.

Et le brigadier attendit en effet, assis au pied d'un arbre, tandis que Rossignol repartait sur les traces de la Chevrette.

Maître Lebouteux avait passé presque toute la nuit précédente en forêt, à la poursuite des braconniers.

Le froid de la nuit aidant la lassitude, il ne tarda pas à s'endormir, son fusil entre les jambes, sa tête appuyée contre le tronc de l'arbre.

Il aurait dormi sans doute jusqu'au point du jour, si une main ne s'était appuyée sur son épaule.

Il ouvrit les yeux et vit Rossignol.

— Venez, lui dit celui-ci.

— Où allons-nous ?

— Du côté de la Renardière ; la Chevrette a une rude avance. Venez, je vous conterai tout en chemin.

Lebouteux se remit en marche.

— Elle est fine, la Chevrette, dit Rossignol. Je ne sais pas ce qu'elle va faire à la Renardière, mais ça n'est rien de bon, pour sûr, aux précautions qu'elle prend.

— Quelles précautions a-t-elle donc prises?

— Elle est allée jusqu'à Ingrannes.

— Bon !

— Chercher la chienne de Ferdinand, histoire de mettre en défaut la vigilance de Minos, le grand chien jaune de la Renardière.

— La précaution est bonne, murmura Lebouteux qui connaissait la férocité de l'animal.

Causant ainsi tout bas, marchant lentement, s'arrêtant parfois, Rossignol et le brigadier arrivèrent à la lisière de la forêt, en face de la Renardière, juste au moment où la Chevrette, débarrassée de Minos, pénétrait dans la cour.

— Maintenant, dit Rossignol, il faut l'attendre.

— Peut-être vaudrait-il mieux la rejoindre à la Renardière? observa Lebouteux.

— Non, dit Rossignol. Les affaires des gens de la Renardière ne me regardent pas, moi. Qu'ils s'arrangent entre eux !

— Mais que veux-tu faire de la Chevrette ?

— Je veux qu'elle parle.

— Elle sait donc quelque chose ?

— Je le crois, dit Rossignol.

Alors sur la prière du braconnier, Lebouteux avait consenti à grimper dans un arbre, et Rossignol s'était assis au bord du bois.

On sait à présent ce qui s'était passé, et comment, en excitant sa jalousie, Rossignol avait amené la Chevrette au paroxysme de la fureur et de l'aveuglement.

Mais à peine eut-elle fait l'aveu de son crime, à peine eut-elle vu le brigadier se dresser devant elle comme un témoin incorruptible, qu'elle comprit toute l'étendue de sa faute.

— Ah ! malheureuse que je suis ! dit-elle.

Et elle cacha sa tête dans ses mains.

Puis elle eut un moment d'énergie sauvage :

— Ça n'est pas vrai, dit-elle, ça n'est pas vrai ! j'étais folle !

Et elle se leva, se débattit contre l'étreinte vigoureuse de Rossignol et voulut fuir.

Mais Rossignol la tenait comme dans un étau en murmurant :

— Il faudra bien que tu parles, et tu parleras!...

— Non, disait-elle, non... ça n'est pas vrai!.. je ne sais rien... c'est la jalousie qui m'a fait dire tout ça... le Mulot est innocent... moi aussi...

Le brigadier lui dit d'une voix grave triste :

— Ma fille, si le Mulot et toi n'étiez pas coupables, tu n'aurais pas parlé ainsi.

— J'étais folle! répéta la Chevrette.

— C'est ce que les juges décideront.

— Les juges! exclama-t-elle avec un accent d'épouvante subite.

— Je suis un garde assermenté, reprit Lebouteux, et j'obéis à la loi en t'arrêtant.

Elle jeta un cri et voulut de nouveau se dégager des mains de Rossignol.

— Tiens-la bien, dit Lebouteux ; j'ai une corde dans mon carnier, nous allons lui attacher les mains.

Et, en effet, il prit la corde et la déroula.

La Chevrette lutta en désespérée; mais elle avait affaire à deux hommes robustes.

Ils la renversèrent sur le sol, lui lièrent les pieds et les mains, et la réduisirent à l'impuissance.

— Ma fille, dit alors le brigadier, on pourrait ne pas croire Rossignol; mais on me croira, moi, et quand je dirai aux gendarmes qui t'emmèneront que tu as tout avoué, ils ne douteront pas de ma parole.

Rossignol riait et pleurait tout à la fois.

— Ah! disait-il, vous avez pourtant voulu me faire guillotiner, moi! Eh bien, c'est vous qu'on guillotinera, et j'irai vous voir!...

Ce mot de guillotine acheva de plonger la Chevrette dans une terreur désespérée.

— Laissez-moi... disait-elle; pardonnez-moi... Mais je ne veux pas mourir... je ne veux pas...

— On te guillotinera! répétait Rossignol avec un accent de haine sauvage. Le Mulot d'abord, toi ensuite!...

La Chevrette criait, épouvantée, et répétait avec l'accent du délire :

— La guillotine! la guillotine!

— J'ai vu ça une fois, moi... disait Rossignol devenu impitoyable... Ce n'est pas beau... Tu verras!

— A moi! au secours! hurlait la Chevrette.

— Il faut pourtant prendre un parti, dit le brigadier Lebouteux. Nous allons la porter chez moi... et puis tu iras chercher les gendarmes...

La Chevrette eut une de ces inspirations que dictent le désespoir et le délire ; il lui sembla que ces deux hommes, possesseurs de son secret désormais, étaient ses juges uniques, que d'eux seuls dépendait maintenant sa vie ou sa mort.

— Si vous me faites grâce, dit-elle...

— Eh bien ? fit Lebouteux.

— Si vous ne me guillotinez pas...

— On te guillotinera, répétait Rossignol avec rage.

— Je vous dirai tout, exclama la Chevrette. Je vous dirai comment le Mulot a trouvé le fusil de Rossignol et s'en est servi pour tuer Saurin.

— Continuez... dit le brigadier attentif.

— Car ce n'est pas moi qui ai tiré, poursuivit-elle, c'est lui... Moi, je l'ai seulement aidé à monter le cadavre dans l'arbre, pour qu'on crût que c'était Rossignol qui avait fait le coup.

— Misérable! bandit! canaille! disait Rossignol.

— Et puis je l'ai aidé encore à cacher le testament, acheva la Chevrette.

— Oh! il y avait donc un testament? fit Lebouteux avec un sourire de satisfaction.

— Un testament en faveur de Mlle Mignonne.

— Et où est-il ce testament?

— Si on me promet de ne pas me guillotiner, je le dirai, répondit-elle.

— Je le sais, moi, dit Rossignol. Il est au même endroit que la boucle d'oreille perdue par le Mulot. Quand les gendarmes seront venus, je les y conduirai... On me croira maintenant.

Mais le brigadier Lebouteux interrompit tout à coup Rossignol.

— Regarde, dit-il.

Et il étendait la main dans la direction de la Renardière.

Rossignol regarda et vit une fumée noire qui s'élevait au-dessus des toits.

— Le feu! s'écria-t-il.

— C'est moi qui l'ai mis... dit la Chevrette en délire, pour faire plaisir au Mulot.

En effet, la fumée, noire d'abord, étincelait de reflets fauves, et bientôt les flammes s'en dégagèrent ardentes et projetant à l'entour une fulgurante clarté.

— Au feu! au feu! répéta le brigadier Lebouteux.

Et ces deux hommes oublièrent la Chevrette et s'élancèrent vers la Renardière pour essayer de porter secours à ses malheureux habitants endormis!

CHAPITRE XLVIII

Cependant, à la même heure, le bon curé Duval et son sacristain Bigorne s'en revenaient de Pithiviers.

Ils avaient dépassé le village de Courcy et touchaient aux étangs de la Cour-Dieu, lorsque Bigorne, levant la tête, crut voir le ciel tout rouge au sud-est.

Cela paraissait d'autant plus extraordinaire que la lune toute nouvelle était au-dessous de l'horizon et qu'au zénith le ciel était étoilé et d'un bleu grisâtre.

— Monsieur le curé, dit Bigorne, qu'est-ce que cela peut être ? voyez...

Le curé, qui était un peu las, s'était endormi

sur sa selle, suivant une vieille habitude commune aux soldats, aux médecins et aux notaires qui ont fini par dormir à cheval.

Et, de fait, le bon vieux prêtre ne s'était pas couché depuis l'avant-veille.

Nous l'avons vu passer la nuit précédente à la Renardière, assis au chevet du petit Auguste, puis se remettre en route au point du jour, tant il avait hâte d'arriver chez l'abbé Moulin, son ancien frère d'armes et son compagnon de séminaire.

L'abbé Moulin l'avait reçu avec une grande effusion.

Le prêtre lui avait sur-le-champ fait l'aveu du motif de son voyage, et l'abbé Moulin s'était empressé de lui remettre les six mille francs dont il avait besoin.

C'était le salut de M. Anatole de Misseny, pensait le curé Duval, qui ne savait pas qu'à l'heure même où, la veille, il quittait Saint-Florentin, l'argent nécessaire arrivait mystérieusement au château.

Aussi le vieillard, malgré les instances de l'abbé Moulin, n'avait-il voulu prendre que quelques heures de repos. Il était reparti le soir même, pressé qu'il était de tirer M. Anatole de peine, et de prendre, en passant par la

Renardière, des nouvelles du petit Auguste.

Le curé Duval s'était donc assoupi et il n'entendit point l'exclamation de Bigorne.

Celui-ci tourna la tête, et vit à la position affaissée du prêtre ce qu'il en était.

— Pauvre cher homme ! murmura-t-il.

Et cessant de marcher devant le cheval, il se mit à cheminer côte à côte avec lui, de façon à pouvoir porter secours à l'abbé Duval si, par quelque brusque mouvement ou par un faux pas, l'animal faisait perdre l'équilibre au dormeur.

Pourtant, à mesure qu'ils avançaient, la lueur rouge grandissait dans le ciel.

— Bon ! pensa Bigorne, je vois ce que c'est... il y a une meule de fourrage ou de paille, ou peut-être bien une grange qui brûle à une couple de lieues d'ici.

Un quart d'heure après, le dormeur, le cheval et le piéton arrivaient dans cette large échancrure au milieu de laquelle se dressent les ruines du couvent de la Cour-Dieu et les deux fermes qu'on a bâties auprès.

Un murmure confus de voix arriva aux oreilles de Bigorne.

L'une des fermes, toutes deux sur la route et reliées l'une à l'autre par un mur d'enceinte, est une auberge qui sert de rendez-vous aux charretiers, aux bûcherons, aux gardes-chasse et à quelques chasseurs.

Bigorne vit deux charrettes à la porte et de la lumière dans l'auberge...

Le cabaretier causait sur la route avec les charretiers. Bigorne pressa le pas.

Les charretiers disaient :

— Père Durel, pour sûr c'est à Surry-aux-Bois qu'est le feu.

Durel, répondait :

— Je crois bien plutôt que c'est plus près.

— Le cheval du curé s'arrêta quand il fut près de l'auberge, et le curé s'éveilla.

— Hé! Bigorne, dit-il, qu'est-ce qu'il y a?

— Monsieur le curé, répondit Bigorne, c'est le feu, regardez plutôt...

Le ciel était flamboyant au sud-est et la forêt paraissait en proie à un vaste incendie.

Le curé, ému, se dressa sur ses étriers pour mieux voir.

— Seigneur Dieu! murmura-t-il, qu'est-ce qui brûle donc?

— Ma foi! monsieur le curé, dit Durel, j'étais couché quand ces hommes sont venus frapper à la porte. Ils croient que le feu est à Surry-aux-Bois... mais, moi, j'ai doutance que ce soit la ferme de la Métivière qui brûle.

— Non, dit vivement le curé, ce ne peut être la ferme de Rose...

Et il se fit un abat-jour de ses deux mains :

— La ferme est plus au midi, dit-il.

— Alors qu'est-ce donc? fit Durel.

— Monsieur le curé, dit Bigorne, c'est peut-être bien la Renardière.

— Je le croirais bien plutôt, dit le cabaretier à son tour.

— A la Renardière ou ailleurs, il faut y aller, s'écria le curé.

Et il donna un coup d'éperon à son bidet.

Bigorne le suivit.

Les charretiers hésitèrent un moment; mais ils ne pouvaient abandonner leurs équipages, et puis le paysan est naturellement égoïste; *chacun pour soi*, telle est sa maxime.

— Nous avons un fameux bout de chemin à faire d'ici demain, dirent-ils.

Le cabaretier avait les fièvres, il rentra chez lui et ferma sa porte.

Le curé Duval et Bigorne étaient déjà loin.

Abandonnant la grande route, ils avaient traversé les prés de la Cour-Dieu et se dirigeaient bravement sous bois, à travers une futaie de sapins.

Le ciel était tout en feu.

Bigorne avait sauté en croupe à son curé, et le cheval galopait, sautant les fossés et les haies, comme un cheval de chasse qu'il avait été autrefois.

Au bout d'une demi-heure, un bruit sinistre traversa l'espace. C'était le tocsin qu'on sonnait à Surry-aux-Bois.

Dans sa course précipitée, le curé dépassa deux gardes de la forêt que le son des cloches avait éveillés en sursaut et qui se portaient en toute hâte sur le lieu du sinistre.

— Savez-vous où est le feu? leur demanda-t-il.

— A Surry, dit l'un.

— A la Renardière plutôt, répondit l'autre.

Le curé, ayant toujours Bigorne en croupe, précipitait sa marche.

Maintenant, ce n'était plus à l'horizon que le ciel était rouge; c'était au-dessus de leurs têtes, et Bigorne et le curé comprirent qu'ils approchaient du théâtre de l'incendie.

A la futaie de sapins, avait succédé un bois gaulis trop fourré pour qu'un cavalier pût le traverser.

Le curé se jeta dans une ligne de forêt qui aboutissait à un poteau et, par conséquent, à un carrefour.

De là, bien certainement il verrait où était le feu.

Le digne homme ne se trompait pas. Six routes aboutissaient au poteau.

L'extrémité de l'une d'elle flamboyait comme si on eût allumé à l'autre bout quelque forge cyclopéenne.

Bigorne s'écria :

— Durel avait raison, monsieur le curé, c'est la Renardière qui brûle !

Le curé ne répondit pas; mais il éperonna de nouveau son cheval.

....

Oui, c'était bien la Renardière qui flambait comme un fagot sec, sous l'action impétueuse du vent.

Les granges n'étaient plus qu'un monceau de ruines fumantes, et les flammes enveloppaient le château.

Eveillés en sursaut, les domestiques, couchés dans la ferme, n'avaient eu que le temps de se sauver à demi nus.

Les chiens cernés par le feu, dans le chenil, avaient hurlé de façon à réveiller tous les échos.

Mais chiens, bestiaux, domestiques, eussent péri infailliblement sans le dévouement de

Rossignol et de Lebouteux arrivés assez à temps pour ouvrir les portes des granges.

Epouvantés, fous, furieux, les animaux s'éaient élancés dans la campagne.

Aux cris poussés par les domestiques, Michel s'était éveillé le premier et il était descendu en courant.

Puis, après lui, la Dorothée, et enfin la maîtresse de la maison, la Martine.

Celle-ci dormait profondément dans un fauteuil au chevet de son fils, lorsque les hurlements des chiens, les mugissements des vaches, les lamentations des hommes et des femmes l'éveillèrent en sursaut.

La Martine descendit à son tour à peine vêtue.

Par une bizarrerie inexpliquée de l'élément destructeur, le feu s'était développé dans les granges avec une rapidité et une violence vertigineuses, tandis qu'il couvait lentement, sournoisement, sans odeur et sans fumée, dans l'écurie du vieux cheval, au-dessus de laquelle passait le grand escalier de la Renardière.

On croit plus volontiers aux accidents qu'à la malveillance.

On ne soupçonna donc tout d'abord qu'un accident dû à l'imprudence de quelque garçon de ferme qui serait entré en fumant dans les greniers à fourrages.

Personne ne pensa tout d'abord qu'une main criminelle avait en même temps mis le feu dans le château.

Les gardes du voisinage et les gens des fermes voisines étaient accourus en moins d'une heure.

L'un d'eux, enfourchant un cheval, avait galopé jusqu'à Surry, où il avait lui-même sonné le tocsin.

La Martine et Michel organisaient le sauvetage.

Il ne fallait plus songer à préserver les granges, mais bien le château.

Tous les efforts se concentrèrent sur le monceau de bois qui, placé entre la ferme et le bâtiment de maître, pouvait servir de trait d'union.

Mais, tout à coup, une fumée noire, épaisse, accompagnée de flammèches, sortit violemment de l'écurie du vieux cheval.

— La Renardière brûle aussi! criait-on de toutes parts.

— Mon fils! s'écria la Martine avec un accent d'épouvante.

Et elle s'élança vers l'escalier que les flammes et la fumée commençaient à envahir.

Michel voulut la suivre, mais les flammes le repoussèrent, et on le vit redescendre les cheveux et la barbe à moitié roussis.

La Martine seule était parvenue en haut de l'escalier et pénétrait dans la chambre de son fils.

Ce fut en ce moment que le curé Duval arriva sur le lieu du sinistre.

CHAPITRE XLIX

Michel avait eu honte de son peu de courage en voyant la Martine s'élancer bravement à travers les flammes pour sauver son fils.

Il revint à la charge, arriva aux trois quarts de l'escalier ; puis, suffoqué par la fumée, brûlé jusqu'au vif, il fut obligé de battre de nouveau en retraite.

Un homme aussi courageux que Michel s'élança à son tour sur les pas de la Martine.

C'était Rossignol.

Mais on le vit bientôt retomber à moitié asphyxié.

Et dès lors personne n'osa plus tenter cette périlleuse ascension.

L'escalier était en flammes, et les marches craquaient et se tordaient une à une.

Seule, la Martine était parvenue jusqu'au premier étage et avait pu gagner la chambre de son fils.

On la vit bientôt reparaître à une croisée, tenant le petit Auguste dans ses bras et appelant au secours d'une voix désespérée.

Mais la terreur s'était emparée des plus braves.

L'escalier allait crouler, les flammes montaient maintenant jusqu'aux fenêtres et enveloppaient le bâtiment tout entier.

Le brigadier Lebouteux lui-même, qui cependant était un homme courageux et dévoué, s'écria :

— C'est s'exposer à une mort inutile. Il n'y a plus moyen de les sauver.

Mais tout à coup une voix retentissante se fit entendre.

Une voix mâle, sonore, la voix d'un homme qui avait dû être habitué au commandement.

— Place ! place ! disait le curé Duval.

Il était descendu de cheval, avait noué par derrière les pans de sa soutane, et il fendait la foule amassée sous la fenêtre au haut de laquelle apparaissait la Martine au désespoir, portant convulsivement dans ses bras un enfant à demi mort.

— Place! répétait le curé, qu'on me cherche une corde; je les sauverai!

Le vieillard avait redressé sa courte taille, son œil était plein d'éclairs.

Le soldat avait reparu dans le prêtre.

— Ah! s'écria Michel, le bon Dieu est avec nous.

Le feu avait laissé intact un petit bâtiment dans lequel se trouvaient différents instruments aratoires, et une de ces grandes charrettes à roues élevées qui servent à transporter des pièces de bois en forêt.

Ces charrettes sont toujours pourvues de grosses cordes destinées à fixer le chargement et qui sont d'une certaine longueur.

Michel courut à la charrette et revint avec ces cordes.

La Martine criait toujours :

— Laissez-moi mourir, moi, mais sauvez mon enfant!

Le curé s'empara des cordes, les roula autour de son corps et répéta :

— Place! place!

— Monsieur le curé! s'écria Bigorne, monsieur le curé! au nom du ciel... mais vous allez périr!

Le curé ne l'entendit point ou feignit de ne point l'entendre.

On le vit s'élancer au milieu des flammes et gravir l'escalier.

Un moment il s'arrêta suffoqué, un moment on crut qu'il rebrousserait chemin comme les autres...

Mais la foi chrétienne était en lui et l'amour de l'humanité le poussait.

On le vit continuer son ascension à travers les croisées qui éclairaient la cage de l'escalier et qui flamboyaient de toutes les lueurs de l'incendie.

Puis il disparut...

Le feu avait-il terrassé l'apôtre en le couchant asphyxié sur la dernière marche ?

Avait-il pu gagner le corridor et arriver jusqu'à la Martine ?

Ce fut un mystère terrible pendant cinq minutes, — une éternité !

Toutes les poitrines retenaient leur respiration, tous les yeux étaient fixés sur l'escalier enflammé.

Bigorne lui-même avait cessé de se lamenter, et ses cheveux jaunes se hérissaient d'épouvante.

Tout à coup un bruit épouvantable se fit.

C'était l'escalier qui s'écroulait, entraînant avec lui une partie du plancher du premier étage.

Un cri d'épouvante retentit.

Puis, après ce cri-là, un autre.

Mais un cri de joie, d'enthousiasme, de délire !

On venait de voir le curé Duval à la fenêtre, auprès de la Martine, tordant dans ses mains, pour les éteindre, les pans de sa soutane qui avaient pris feu.

Alors le vieux prêtre, l'apôtre courageux, le soldat qui n'avait fait que changer d'uniforme, attacha l'un des bouts de la corde à l'entablement de la croisée...

Et ce fut effrayant et sublime à la fois de la voir saisissant avec un de ses bras la Martine, qui tenait toujours son enfant, se cramponnant de l'autre main à la corde, se lancer hardiment dans le vide et descendre lentement, avec ce lourd fardeau, au milieu des flammes qui l'environnaient.

Une fois encore, toutes les poitrines battaient; un silence de mort se fit dans cette foule anxieuse, et, pendant tout le temps que cette grappe humaine se trouva suspendue dans l'espace, on n'entendit plus que les mugissements du vent et le crépitement des flammes.

Ce fut une nouvelle éternité de trois minutes.

Enfin le curé toucha le sol.

Il était noir, horriblement brûlé; mais la Martine était sauvée.

Quant à l'enfant, il poussait des cris affreux, que l'on crut un moment arrachés par la terreur.

Mais soudain la Martine affolée attacha sur lui un regard hébété, hagard, stupide, et s'écria :

— O mon Dieu! son pauvre petit corps n'est plus qu'une plaie.

En effet, si les vêtements dont le curé et la Martine étaient couverts les avaient préservés jusqu'à un certain point des morsures du feu, le petit Auguste, que la mère avait pris dans son lit, n'avait que sa chemise, et son corps demi-nu, si rapide qu'eut été leur passage à travers les flammes, avait été cruellement atteint.

La Martine l'avait repris dans ses bras et l'inondait de ses larmes.

. . . .

La Renardière n'était plus qu'un monceau de ruines fumantes.

La maison de maître, les communs, la ferme, les bâtiments d'exploitation, tout avait été la proie des flammes.

Quand vint le jour, la population forestière des environs, accourue pendant la nuit avec ce zèle qui caractérise les habitants des campagnes, à de certaines heures sinistres, put contempler l'immensité du désastre.

Mais là n'était pas le coin le plus navrant du tableau.

Pour le voir, il fallait pénétrer dans le pavillon qui se trouvait au bout du parc et que, par conséquent, l'élément destructeur n'avait pu atteindre.

Là une scène plus poignante et plus sinistre se déroulait silencieusement.

C'était dans ce pavillon qu'on avait transporté le petit Auguste.

Comme l'avait dit sa mère, dans l'élan de sa douleur, son pauvre petit corps n'était plus qu'une plaie.

Longtemps il avait jeté des cris déchirants ; longtemps aux prises avec la douleur, il avait essayé de se cramponner à la vie.

Maintenant il ne criait plus, il ne se tordait plus dans d'horribles convulsions.

Pâle, l'œil vitreux, respirant à peine, le pauvre enfant venait d'entrer dans cette phase de la dernière heure où commence l'agonie.

Il regardait sa mère et ne reconnaissait plus qu'elle.

Silencieuse et farouche, l'œil sec, prête elle-même à avoir le délire, la Martine contemplait son enfant avec le regard brillant de la folie.

Quelquefois, son œil allait chercher le prêtre agenouillé auprès du lit de camp dressé à la hâte.

L'abbé Duval avait été un moment chirurgien.

Un moment, il avait essayé par tous les moyens en son pouvoir de disputer la frêle créature à la mort.

L'homme avait été vaincu dans cette lutte suprême.

Alors le prêtre s'était mis à genoux, et il priait.

Autour de lui, derrière la mère abîmée dans sa douleur sans bornes, Michel, Bigorne et quelques autres serviteurs du château, demeuraient immobiles et mornes, suivant d'un regard éperdu les progrès rapides de cette agonie sans délire, de cette vie qui s'en allait vers la mort, sans secousse et terrassée par une prostration infinie.

Et cependant, le soleil montait radieux à l'horizon, éclairant à la fois ce tas de cendres qui avait eu nom la Renardière, et le visage de cet enfant qui allait mourir et dont l'œil presque éteint se fixait obstinément sur sa mère.

Les oiseaux chantaient dans les grands arbres. On eût dit une matinée de printemps, tant l'air était doux.

Le prêtre priait toujours.

La Martine se tenait à deux pas du lit, n'osant plus effleurer de ses lèvres le front de son fils.

De temps en temps le prêtre interrompait sa prière pour examiner le petit moribond.

La vie s'éteignait peu à peu et se retirait insensiblement de son regard, la seule chose qui vécût encore en lui.

Puis il vint un moment où le prêtre secoua la tête et fit à tous ceux qui se trouvaient là un signe que chacun comprit.

L'heure fatale approchait.

Tout le monde se mit à genoux.

Seule, altière dans sa douleur, la mère, aux yeux desséchés, demeura debout.

Peut-être avait-elle perdu momentanément la conscience de ce qui se passait autour d'elle.

Le prêtre étendit alors ses deux mains sur la tête de l'enfant et récita lentement les prières des agonisants.

L'œil du petit moribond eut un dernier éclair d'intelligence.

Ses lèvres serrées s'entr'ouvrirent.

Un nom, un souffle plutôt, s'en échappa :

— Maman !

Puis l'œil s'éteignit, la bouche demeura ouverte et le corps immobile.

L'enfant était mort.

La Martine était toujours debout. On l'eût dite pétrifiée.

Elle ne versait pas une larme, elle semblait ne plus savoir ce qui se passait autour d'elle, et, regardant toujours son fils, elle paraissait ignorer qu'il fut mort.

Le prêtre la prit dans ses bras et lui dit :

— Pleurez, mon enfant, pleurez ! les larmes montent au pied du trône de Dieu et apaisent sa colère.

Et lui-même il essuya ses yeux humides.

. . . .

La justice divine venait de frapper la mère coupable ; mais, clémente en sa sévérité, elle avait repris à la terre l'enfant du vieillard débauché et de la femme perdue, pour en faire un ange du ciel !

CHAPITRE L

Comme si elle n'avait attendu que le moment où le prêtre lui ouvrirait ses bras, la Martine fondit tout à coup en larmes.

Puis elle se jeta sur le corps de son fils, le couvrit de baisers brûlants, l'appelant par son nom et répétant d'une voix délirante :

— Non ! Dieu n'a pas pu me le reprendre !... Non ! il n'est pas mort !...

— Ma fille, disait le curé Duval, les vues de la Providence sont impénétrables. Votre fils est au ciel... Priez et pleurez, pauvre mère. Dieu vous pardonnera vos fautes.

Ce mot de pardon retentit douloureusement au fond du cœur de la Martine.

Elle s'arracha du lit mortuaire, promena un regard désolé sur tout ce monde silencieux et morne qui l'entourait, et, tout à coup, son regard s'arrêta sur Rossignol.

Rossignol, le prétendu assassin de Saurin, Rossignol, le paria qu'on chassait de partout !

Rossignol qui, toute la nuit, avait fait des prodiges de courage et d'abnégation et s'était multiplié pour ainsi dire, essayant de sauver cette maison d'où lui étaient venus la honte et le désespoir !

Alors cette mère que la justice divine venait de frapper, courbant un moment la tête sous le châtiment, se redressa éclairée du rayon sublime du repentir.

Elle marcha droit à Rossignol et s'agenouilla humblement devant lui :

— Avant que Dieu me pardonne, dit-elle, il faut que les hommes m'aient pardonné.

Tout le monde tressaillit ; Rossignol lui-même sentit ses yeux se remplir de larmes.

La Martine avait retrouvé soudain cette voix sonore et presque impérieuse des anciens jours.

— Ecoutez-moi tous, dit-elle, écoutez-moi... et que ceux qui sont à la porte entrent pour entendre ma confession !

Le curé la regardait et ne savait pas encore où elle en voulait venir.

La Martine, demeurant à genoux, continua :

— Cet homme, que vous voyez, qu'on a traîné en prison, qu'on a accusé d'un assassinat, était innocent.

Un murmure d'étonnement couvrit un moment la voix de la Martine.

Mais elle, avec une énergie toujours croissante, continua :

— Ce n'est pas Rossignol qui a tué Saurin ; et quand on l'a arrêté, je le savais... et je n'ai rien dit, misérable que j'étais !... et, profitant du crime, jalouse de voir mon enfant hériter de tout, car M. Richaud avait fait un testament en faveur de sa nièce, dont Saurin était porteur quand on l'a assassiné, j'ai laissé cet homme s'asseoir sur le banc des criminels et je n'ai rien dit... Je n'ai pas crié : Il est innocent !... Ah ! je ne croyais pas à Dieu, alors...

Et elle étreignait les genoux de Rossignol et répétait d'une voix suppliante :

— Pardonnez-moi ! pardonnez-moi !...

Rossignol la releva :

— Je vous pardonne, dit-il ; mais ce n'est pas vous qui avez assassiné Saurin.

— Non, dit la Martine, ce n'est pas moi...

mais j'aurais pu empêcher sa mort... j'aurais pu le prévenir... et je n'ai rien dit... je suis une misérable!

— Ma fille, dit le curé, tout ce que vous venez d'avancer, je le savais... et je vais pouvoir vous dire qu'en présence de votre repentir, Dieu vous pardonne, comme cet homme vient de vous pardonner.

— Il faut pourtant que l'assassin soit puni! s'écria alors une voix au seuil du pavillon.

Chacun se retourna, effaré, tant la Martine inspirait maintenant de pitié.

C'était cette hideuse et vindicative servante qu'on appelait la Dorothée et qui laissait enfin éclater l'orage de haine et de rancune amoncelé au fond de son cœur depuis que M. Maurel l'avait chassée de Bellevue.

Et comme on la regardait avec une sorte de stupeur, elle ajouta :

— Celui qui a assassiné Saurin, c'est le frère de madame, c'est le Mulot.

La Martine ne protesta point, et une fois encore elle baissa la tête.

Cependant personne ne souffla mot.

Chacun peut-être comprenait que l'heure des accusations n'était point venue.

Il n'y eut que le curé qui eut le courage de

traverser la foule, d'aller droit à la Dorothée et de lui dire avec indignation :

— Vous êtes une malheureuse! sortez...

. . . .

Rossignol avait pardonné à la Martine, et il sortait les yeux pleins de larmes.

Un homme lui frappa sur l'épaule.

C'était le brigadier Lebouteux.

— Que tu pardonnes, c'est bien, lui dit-il, et ce n'est pas moi qui t'en ferai reproche; mais encore faut-il que les hommes qui te croient coupable te pardonnent à toi-même, et pour cela il faut leur prouver ton innocence.

— Ah! fit Rossignol d'un air hébété.

— Et la Chevrette? fit Lebouteux.

Ces deux hommes se souvenaient pour la première fois depuis le commencement de l'incendie, qu'ils avaient laissé la fille sauvage au bord de la forêt, pieds et poings liés.

Ils y coururent.

Le brigadier disait en route :

— C'est la Chevrette qui a mis le feu, et les gendarmes auront de l'ouvrage aujourd'hui.

Mais, quand Rossignol et lui arrivèrent à l'endroit où ils avaient laissé la fille sauvage garrottée et, par conséquent, dans l'impossibilité de fuir, ils se regardèrent avec un étonnement qui tenait de la stupeur...

La Chevrette avait disparu !

....

La fille sauvage avait eu un moment de faiblesse et pour ainsi dire d'épouvante folle, comme on a pu le voir, lorsque Lebouteux et Rossignol avaient prononcé le mot de guillotine. Mourir d'un coup de fusil, pour elle qui avait toujours vécu dans les bois, n'était rien.

Mais, mourir guillotinée !...

Les paysans ont de ce supplice une aussi grande horreur, peut-être, que les Arabes, qui, cependant, autrefois, s'agenouillaient sans pâlir et presque en souriant devant le *chaous*, et attendaient avec indifférence la décollation par le cimeterre. Cette terreur, cet épouvantement suprême, sont la conséquence de l'infernal curiosité qui pousse la foule vers l'échafaud, aux jours de grande expiation.

La Chevrette, cette fille des forêts, cet être à demi bestial qui n'avait jamais couché dans un lit, avant que le Mulot ne fût propriétaire de Bellevue, avait cependant vu guillotiner.

Comment et en quel lieu ?

C'est ce que nous allons raconter en peu de

mots. Elle avait quatorze ou quinze ans, alors, et menait depuis longtemps déjà son existence forestière. Une nuit, comme elle sortait de la forêt et arrivait sur la route de Fay-aux-Loges, elle vit une troupe de monde qui marchait à pas pressés.

Il était plus de minuit pourtant, et à cette heure les routes sont désertes.

La Chevrette s'assit sur le revers d'un fossé et regarda curieusement cette caravane d'hommes, de vieillards, de femmes et d'enfants.

On eût dit une colonie allemande émigrant vers le nouveau monde.

Puis après celle-là il en vint une autre, puis une autre, et la Chevrette stupéfaite regardait toujours, et à mesure que la nuit s'avançait, la route se couvrait de monde.

Où tous ces gens-là allaient-ils?

La Chevrette quitta la lisière du bois, franchit le fossé d'un bond et vint se mêler à cette foule qui grossissait sans cesse comme un torrent et qui l'entraîna.

A chaque maison du bord de la route, de nouvelles recrues s'ajoutaient à l'étrange cohorte. Dans chaque hameau, dans chaque village le torrent humain grossissait et devenait plus bruyant.

La Chevrette écoutait sans comprendre, mais elle suivait toujours.

Enfin, au petit jour, on atteignit les portes d'une ville.

C'était la petite ville de Gien.

La Chevrette aurait voulu fuir, qu'elle ne l'aurait pu.

Du reste, elle savait maintenant où elle allait et où courait tout le monde.

On allait guillotiner une femme.

Quand la foule s'arrêta brusquement et fut même rejetée en arrière par les troupes qui entouraient l'échafaud, la Chevrette leva les yeux.

Elle vit le sinistre couperet.

Puis elle entendit des cris et aperçut la patiente qui se débattait aux mains des aides du bourreau.

La Chevrette épouvantée ferma les yeux.

Puis elle entendit un cri sourd...

Puis, plus rien !

• •

Ce souvenir épouvantable avait longtemps poursuivi la Chevrette et troublé le sommeil de ses nuits à la belle étoile.

Avec le temps, il s'était effacé peu à peu ;

mais il avait suffi d'un mot de Rossignol pour le lui rappeler.

Peut-être, depuis le jour où les chiens du garde s'apprêtaient à la dévorer, la Chevrette n'avait-elle pas eu peur.

Lebouteux et Rossignol avaient profité de ce moment d'épouvante pour la garrotter et la réduire à l'impuissance, et, si le feu n'avait pris en ce moment à la Renardière, sans nul doute, elle n'eût plus opposé la moindre résistance.

Mais, quand les deux hommes l'eurent abandonnée pour courir au secours de la Renardière qui brûlait, la Chevrette sentit la raison lui revenir, et la raison triompha de son épouvante.

Et, tandis que la Renardière flambait, elle se prit à faire des efforts inouïs pour se détacher. Ce n'était pas facile, car les cordes étaient nouées solidement.

Mais elle avait une si grande souplesse dans le corps qu'elle parvint à se replier assez sur elle-même pour atteindre avec ses dents les cordes qui lui liaient les mains.

Alors commença pour elle un véritable travail d'animal rongeur, un travail qu'elle mena à bonne fin, car, en moins d'un quart d'heure, elle eut coupé la corde.

Les mains libres, elle délia ses jambes.

Et, se redressant, elle contempla un moment ce sinistre et grandiose spectacle de l'incendie qui était son œuvre.

Puis, tout à coup, elle songea au Mulot qu'elle avait dénoncé, dans sa fureur jalouse, et son amour bestial la reprit.

— Oh! dit-elle en s'élançant sous bois, je ne veux pas qu'on le guillotine.... je veux le sauver!

CHAPITRE LI

Tandis que la Chevrette courait, la veille au soir, mettre le feu à la Renardière, le Mulot, profitant de son conseil, se montrait dans Saint-Florentin.

Il entra d'abord au bureau de tabac et y acheta des cigares d'un sou.

Puis il fit son apparition au café de l'Univers.

Le café était plein de monde.

On s'y entretenait des événements de la veille, et de la défaite éprouvée par M. Jouval qui s'était si bien cru, pendant quelques heures, le futur propriétaire du château.

On n'osait cependant pas se moquer trop

ouvertement de M. Jouval ; mais on se rattrapait joliment sur le Mulot.

Ce dernier était devenu l'objet de l'animadversion générale.

Aussi, quand il entra, peronne ne se dérangea pour le saluer. On l'accueillit même avec des sourires ironiques, et Ulysse le tonnelier lui-même, en dépit de ses instincts de flatterie, ne parut pas faire attention à lui.

Mais le Mulot ne prit pas garde à ce revirement subit.

Il avait une bien autre préoccupation, vraiment!

Il songeait à la Renardière qui allait bientôt flamber comme une allumette et dont personne ne s'échapperait, ni la Martine, ni le petit Auguste, ni Michel, pourvu que la Chevrette déployât dans cette expédition son habileté ordinaire.

Le Mulot, tout entier à son rêve d'avenir, se voyait déjà reconstruisant le manoir devenu sa propriété et héritant des belles terres qui se trouvaient à l'entour.

Aussi s'inquiétait-il fort peu à cette heure des chuchotements moqueurs qui se faisaient entendre autour de lui.

Il venait pour se faire voir, pour bien établir sa non-participation à l'incendie de la Renardière, et voilà tout.

Il demanda du vin chaud et le *Journal du Loiret*.

Puis il se mit à lire machinalement et ne s'occupa plus de personne.

Un quart d'heure après, M. Jouval entra.

Le Mulot leva les yeux sur lui, espérant retrouver dans le marchand de biens son excellent ami de la veille.

Mais M. Jouval le regarda fort dédaigneusement.

L'intérêt qui les avait unis un moment s'étant rompu, M. Jouval reprenait *son rang*, comme on dit.

Le Mulot se mordit les lèvres et pensa :

— Quand je serai riche, il me saluera autrement.

Et il se remit à lire le *Journal du Loiret*.

Vers onze heures, comme le café se vidait et que le cafetier s'apprêtait à rappeler l'ordonnance municipale sur la fermeture des cabarets, à ceux qui buvaient et causaient encore autour du poêle, une voiture de commis voyageur qui venait d'Orléans s'arrêta à la porte et un jeune homme en descendit.

— Tiens! dit Ulysse, c'est monsieur Goussepain, le voyageur de la maison Bertrand?

— Moi-même, dit le commis, je meurs de soif, et pourtant je veux aller coucher à Sully-sur-Loire.

Et tandis qu'on versait à boire au commis voyageur, il ajouta :

— Ah ça, qu'est-ce qu'on brûle donc chez vous?

— Comment, chez nous! dit-on avec étonnement.

— Je veux dire dans votre forêt.

— Hein? dit M. Jouval, quelque chose brûle en forêt?

— Dame! vous n'avez qu'à sortir du pays et à aller jusqu'au Mail.

— Eh bien?

— Vous verrez le ciel tout rouge du côté de Surry-aux-Bois.

Cette nouvelle était de nature à piquer la curiosité.

Les derniers habitués du café de l'Univers se précipitèrent au dehors, M. Jouval en tête.

Le Mulot, qui avait de terribles battements de cœur, les suivit.

Le Mail était une esplanade située derrière l'église, et par conséquent le point culminant de Saint-Florentin.

De là, on voyait au loin, à l'horizon, les lignes bleuâtres de la forêt.

M. Goussepain, le voyageur de la maison Bertrand, avait dit vrai.

Le ciel était enflammé.

— C'est quelque meule qui brûle, dit M. Jouval.

— Ou bien une ferme, dit Ulysse.

— Eh bien, il n'y a pas de mal, dit encore M. Jouval. Ici tout le monde est assuré, et les compagnies sont riches.

— Mais où donc le feu peut-il être? fit Ulysse.

— Il est à plus de six lieues d'ici, répondit un autre paysan.

— C'est trop loin pour nous déranger. Allons nous coucher.

Le Mulot s'était suffisamment fait voir.

Il salua M. Jouval, qui ne lui rendit pas son salut, et gagna son château de Bellevue.

Mais il ne se mit pas au lit.

Certes, il n'avait guère envie de dormir.

Il passa les deux tiers de la nuit à la plus haute fenêtre de son manoir, regardant le ciel flamboyer, écoutant le bruit lointain du tocsin qu'on sonnait à Surry-aux-Bois, et que lui apportait le vent du nord.

Personne n'en échappera! pensait-il avec une joie féroce.

La Cehevrette est une bonne fille... faudra que je sois reconnaissant... je la garderai... elle sera ma servante...

Et comme les étoiles commençaient à pâlir dans le ciel embrasé, que le tocsin ne sonnait plus et que la lumière ardente qui s'était si longtemps projetée à l'horizon décroissait peu à peu, le Mulot murmurait : Je crois bien que tout est fini et que me voilà maître à la Renardière!

En ce moment-là, un houhoulement singulier, semblable à celui d'un oiseau de nuit, traversa l'espace.

C'était le *cri forestier* de la Chevrette.

Peu après, dans l'ombre partie du pignon de Bellevue, une forme noire s'agita par bonds et par sauts, et la Chevrette accourut en disant :

— Mon homme! mon homme! nous sommes perdus! Il faut *filer en forêt*.

La Chevrette avait un air si effaré, que le Mulot ne put se défendre d'une certaine inquiétude.

— Qu'est-il arrivé? demanda-t-il. Tu as mis le feu...

— Oui.

— Et on t'a surprise...

— Après, oui.

— Et tu as tout avoué?

— J'étais folle.

Le Mulot crut comprendre.

— Tonnerre! s'écria-t-il, tu nous as vendus tous les deux!

— Oui, dit-elle en baissant la tête.

— Tu as dit que c'était moi qui t'avais conseillé de mettre le feu, continua le Mulot avec un accent de rage... tu es une misérable! mais heureusement. . on ne te croira pas!... la Martine est ma sœur... elle m'a fait du bien... nous nous sommes toujours aimés... c'est clair, cela... toi, tu es une coquine!... tu voulais que je t'épouse... je n'ai pas voulu... alors tu as mis le feu... voilà ma défense... et on me croira.

Puis il eut un accès d'orgueil paysanesque.

— On croit toujours un propriétaire! acheva-t-il.

La Chevrette avait reçu avec calme cette avalanche de sottises.

Elle se prit à regarder le Mulot avec une douloureuse pitié.

— Tu as tort, dit-elle, tu te trompes... on ne t'accuse pas d'avoir mis le feu.

— Hein? fit le Mulot qui recula d'un pas. Alors, pourquoi dis-tu que nous sommes perdus?

— C'est rapport à Saurin.

Le Mulot tressaillit ; puis, haussant les épaules.

— Tu sais bien, dit-il en riant, qu'il n'y a pas de preuves contre nous ; c'est pas nous, c'est Rossignol !

— Tu te trompes encore.

— Allons donc !

— Ecoute, reprit la Chevrette d'une voix rapide et comme si elle eût eu peur de perdre un temps précieux, est-il vrai que tu as songé à épouser la demoiselle Mignonne?

— Qu'est-ce que ça te fait? répondit le Mulot d'un ton brutal.

— Ça me fait que je veux le savoir.

— Ça ne te regarde pas.

— Réponds, oui ou non.

— Et si je ne veux pas, moi !

— La Chevrette fut reprise par sa haine jalouse.

— Oh! je vois bien dans tes yeux que c'est vrai, dit-elle.

— Eh bien, quand ce serait vrai, après?

Et le Mulot prit un air menaçant.

— Eh bien, c'est ce qui nous a perdus tous deux.

— Que veux-tu dire?

— Ecoute: quand j'ai eu mis le feu, j'ai rencontré deux hommes, Rossignol et le brigadier Lebouteux. Ils m'ont dit que tu voulais épouser la demoiselle.

— Ah! c'est eux qui te l'ont dit?

— Oui. Alors la colère m'a prise et j'ai tout avoué.

— Mille tonnerres! exclama le Mulot, qu'est-ce que tu chantes là?

— Je dis que j'ai avoué que c'était nous qui avions tué Saurin.

— Ah! misérable!

Et le Mulot voulut se ruer sur elle.

Mais elle se jeta à genoux et joignit les mains.

— Tu me battras après, dit-elle, tu me tueras même, si tu veux; mais, auparavant, il faut fuir... Viens en forêt... Je sais un endroit où on ne nous trouvera pas... Mais ne reste pas ici.

— Misérable! misérable! répétait le Mulot hors de lui.

— Viens, disait la Chevrette d'un ton suppliant... Mon homme, sauve-toi!... les gendarmes vont venir, sauve-toi!

Il lui répondit par un éclat de rire; puis, son audace lui revint.

— Sauve-toi si tu as peur, toi, dit-il; mais moi, je reste!... Je suis M. Maurel, propriétaire. Quand je dirai que tu es une misérable servante qui voulait se faire épouser par son maître, et qui a inventé pour se venger toutes ces calomnies, on me croira.

La Chevrette répondit par un gémissement.

Mais le Mulot, s'exaltant et s'affermissant dans cette conviction grossière, ne voulut rien entendre.

— Si tu as peur, toi, dit-il, tu peux t'en aller!... Moi, je me fiche des gendarmes.

Et il prit la Chevrette par les épaules et la jeta à la porte.

. . . .

Le soleil montait à l'horizon, et M. Jouval venait de se lever.

Il entendit causer sous sa fenêtre, l'ouvrit et se pencha dans la rue.

Un groupe d'une douzaine de personnes parlait et gesticulait avec animation.

M. Jouval descendit pour savoir de quoi il s'agissait.

Là il apprit que pendant la nuit la Renardière avait brûlé, que le petit Auguste était mort, et que la Martine, folle de douleur, pourrait bien être morte avant la fin du jour.

Ulysse le tonnelier, l'éternel Ulysse, qu'on rencontrait partout, disait même à ce sujet :

— C'est M. Maurel qui va hériter de tout ça, approchant un million !

M. Jouval fut frappé de la justesse de ce raisonnement.

— Eh ! eh ! se dit-il, Ulysse a raison. J'ai eu tort de faire le fier avec ce jeune homme... Il faut que je fasse ma paix avec lui... On ne sait pas... nous ferons peut-être un jour ou l'autre des affaires ensemble.

Et M. Jouval, en homme prudent qui réserve l'avenir, prit tranquillement le chemin de Bellevue.

Le Mulot, après avoir chassé la Chevrette, avait eu recours à son remède habituel dans les grandes émotions.

Il avait débouché une bouteille d'eau-de-vie et s'était mis à boire.

A mesure qu'il buvait, il se trouvait de plus en plus propriétaire, et par conséquent au-dessus de tout soupçon et de tout châtiment.

L'ivresse simplifiait de plus en plus la question.

La Martine était morte, c'était à peu près sûr. La Chevrette ne pouvait être un témoin sérieux.... on ne la croirait pas.... et on le croirait.

Et il but tant et tant que ses yeux se fermèrent et qu'il s'endormit dans la cuisine.

M. Jouval, qui avait inutilement frappé et avait fini par soulever le loquet de la porte, le trouva couché sur la table.

Il le secoua et finit par l'éveiller.

— Ah! c'est vous, dit le Mulot, qu'est-ce que vous voulez?

— Je viens vous faire mon petit compliment, dit M. Jouval d'un ton amène.

— Hum? qu'est-ce que vous dites?

— Il m'est avis que vous allez faire un joli héritage....

Le Mulot tressaillit et se leva tout d'une pièce, secouant les dernières fumées de l'ivresse.

Mais M. Jouval n'eut le temps ni d'expliquer au Mulot comment il héritait, ni de lui tourner galamment son compliment.

Le trot de deux chevaux se fit entendre dans l'avenue.

M. Jouval se tourna vers la fenêtre et demeura stupéfait.

Deux gendarmes mettaient pied à terre dans

la cour, et le Mulot n'était pas encore dégrisé. M. Jouval ne s'expliquait pas encore le but de cette visite matinale, qu'ils entraient dans la cuisine.

Le brigadier posa sa main sur l'épaule du Mulot et lui dit :

— Au nom de la loi, je vous arrête !

Le Mulot pâlit, balbutia quelques mots sans suite, et murmura enfin :

— La Chevrette avait raison... J'aurais dû l'écouter !

M. Jouval se dirigeait prudemment vers la porte.

— Hé ! hé ! lui cria le brigadier, vous avez raison... faut pas vous trouver mêlé à tout cela, mon gros père...

M. Jouval s'indigna et répondit :

— Je suis un honnête homme, moi.

— Je ne dis pas non, fit le brigadier en riant, mais c'est égal, j'ai idée que nous sommes des gens de revue...

Et tandis que M. Jouval frissonnait sous le poids de cette plaisanterie de mauvais augure, le brigadier tira des menottes de sa poche et les mit au Mulot, devenu tremblant et lâche.

CHAPITRE LII

Le château de Saint-Florentin était en joie, après avoir passé par toutes les phases de l'angoisse et du désespoir.

Tandis que la Renardière brûlait, que le petit Auguste mourait, que la Chevrette fuyait au plus profond de la forêt, et que les gendarmes arrêtaient le Mulot, la vieille demoiselle de Misseny, son neveu Anatole et la jolie Mignonne, ignorant tous ces lugubres événements, se réjouissaient d'avoir échappé aux basses intrigues de M. Jouval.

La vieille demoiselle disait à Mignonne :

— Vous êtes le bon ange de notre maison, mon enfant; et je suis persuadée que si mon neveu n'avait eu le bonheur et le bon goût de vous aimer, nous n'eussions jamais trouvé ces malheureux six mille francs, pour lesquels on nous a fait tant de misères.

Mignonne souriait et répondait :

— Et ce pauvre M. le curé qui est allé à Pithiviers emprunter cette somme !

— Eh bien ! l'argent qu'il rapportera sera pour les pauvres du village, dit Anatole qui tenait dans ses mains la main blanche et mignonne de la jeune fille.

Et la vieille demoiselle et les deux jeunes gens avaient passé la journée à faire des rêves de bonheur et d'avenir.

Puis, le soir, Anatole l'avait respectueusement reconduite jusqu'à la porte de la maison d'école.

Le lendemain, Mignonne était revenue au château.

On ne savait rien encore de l'incendie de la Renardière.

La deuxième journée s'écoula comme la première.

En attendant qu'elle fût baronne de Misseny, Mignonne mangeait au château.

Comme le repas du soir s'achevait, un domestique entra un peu ému et dit :

— Voici M. le curé Duval; mais il n'est pas seul.

— Et avec qui est-il donc? demanda Anatole avec empressement.

Mais le domestique n'eut pas le temps de répondre.

Le vieux prêtre entra simplement dans la salle à manger, donnant la main à une femme vêtue de noir.

A la vue de cette femme, Mignonne tressaillit et devint pâle et toute tremblante.

Cette femme, c'était la Martine.

Et personne n'avait encore dit un mot, que la Martine s'était humblement mise à genoux devant Mignonne et lui disait :

— Mademoiselle, je viens me jeter à vos pieds et vous demander pardon. Je viens vous restituer le bien que je vous avais pris...

En même temps elle tendait un papier qui n'était autre qu'un acte de restitution pour la partie de la fortune laissée par le commandant à sa nièce, dans le testament disparu, et une donation pleine et entière de la part faite au petit Auguste.

Mignonne, en proie à une triste émotion, voulut relever la Martine.

Mais elle demeura à genoux.

— Non, dit-elle, pas avant que vous ne m'ayez pardonné !

— Je vous pardonne de grand cœur, répondit la jeune fille.

La Martine demeurait cependant toujours à genoux.

— Votre oncle avait fait un testament dans lequel il vous laissait la moitié de sa fortune; c'est sa fortune tout entière, mademoiselle, dit la Martine, que je viens vous supplier d'accepter.

— Mais, s'écria Mignonne, vous ne pouvez pas dépouiller votre fils.

La Martine répondit par un sanglot.

— Les anges n'ont besoin de rien, dit gravement le curé en montrant de la main un coin du ciel que découpait la fenêtre ouverte.

Mignonne comprit.

Elle prit la Martine dans ses bras, la releva et l'embrassa.

Puis, comme ayant tout oublié et ne se rappelant que sa première enfance :

— Pauvre Martine! dit-elle, pleure donc... les larmes font tant de bien !

....

Et comme le pardon du ciel, la mère qui

n'avait plus de fils retrouvait dans la jeune fille persécutée par elle un ange qui parlait de l'aimer ; mais les hommes se montrèrent moins indulgents que la Providence.

Tout à coup un homme entra dans le château, qui demanda à parler au curé Duval.

Le curé sortit agité d'un triste pressentiment.

Il trouva dans la cour le brigadier de gendarmerie, qui lui dit :

— Monsieur le curé, je ne voudrais pas manquer de respect à M. le baron de Misseny et à sa famille, et cependant il faut que je fasse mon devoir.

— Que voulez-vous dire ? demanda le curé ému.

— J'ai mandat de dépôt lancé contre la Martine par le juge d'instruction.

Mais déjà la Martine était dans la cour et, relevant la tête, retrouvant toute la sauvage énergie qu'elle avait autrefois, elle dit :

— Je suis prête !

— O mon Dieu ! elle n'est pas coupable ! s'écriait Mignonne en pleurant.

Et tandis que M. Anatole parlementait avec le brigadier, demandant si on ne pouvait pas différer l'arrestation de cette pauvre femme, dont l'enfant avait été enterré le matin même, le curé offrit son bras à la Martine en lui disant :

— Mon enfant, appuyez-vous sur moi et acceptez cette dernière douleur comme une expiation suprême. Je ne vous quitterai pas, je serai votre ami, votre défenseur; je dirai aux hommes qui vous jugeront votre repentir, et peut-être seront-ils comme la Providence... Peut-être vous pardonneront-ils, eux aussi...

Et le vieux curé dit au brigadier :

— Marchons, monsieur, j'accompagnerai votre prisonnière à Orléans.

. . . .

CHAPITRE LIII

Trois semaines plus tard, le palais de justice d'Orléans retentissait de nouveau du nom de Rossignol dit l'Ecureuil.

Mais cette fois, le pauvre diable n'était plus sur le banc des prévenus.

Il était assis au banc des témoins.

La foule énorme qui avait assisté l'année précédente aux débats de son procès était venue voir juger le Mulot et la Martine.

Tout Saint-Florentin était là, depuis le bon curé Duval, qui n'avait pas voulu quitter la Martine en ce douloureux moment, jusqu'à M. Jouval, qui avait eu l'audace de venir s'asseoir dans une des tribunes réservées au public.

Un accusé manquait au banc des prévenus.

C'était la Chevrette.

En vain les gardes, les gendarmes avaient-ils battu la forêt, les fermes et les villages voisins.

Nulle part on n'avait retrouvé la fille sauvage, et le bruit avait fini par se répandre qu'elle s'était noyée dans quelque mare.

Les débats furent longs.

Le Mulot, en dépit des preuves qui l'accablaient, persistait à nier.

En vain lui représentait-on le testament du commandant Richaud, trouvé dans un tronc d'arbre, ainsi que la boucle d'oreille qu'il avait perdue dans une broussaille voisine, et qui avait servi à Rossignol pour construire patiemment son lent édifice de réhabilitation ;

En vain la Martine avait-elle tout avoué ;

Le Mulot persistait à soutenir qu'il était la victime d'un coup monté, et que tout le monde lui en voulait.

Pendant son interrogatoire, il avait tourné la tête et aperçu M. Jouval qui riait.

Alors une sueur subite avait fait place à l'espèce d'abattement auquel il était en proie, et il s'était écrié :

— Voilà l'homme qui m'en veut... l'homme qui m'a perdu !

Puis il avait raconté toute l'histoire des six mille francs.

M. Jouval avait été obligé de quitter l'audience, poursuivi par les huées de la foule.

Néanmoins, le Mulot niait toujours toute participation à la mort de Saurin.

Mais la conviction du jury était faite.

Grâce aux efforts de son défenseur, un jeune avocat plein de fougue et de talent, le Mulot obtint le bénéfice des circonstances atténuantes et sauva sa tête. Il fut condamné aux travaux forcés à perpétuité.

La Martine n'avait pas conseillé le crime ; mais elle en avait profité, c'était une complicité.

Cependant la déposition du vieux curé fut si chaleureuse, si touchante ; il peignit si bien les remords, le repentir et les douleurs de la mère qui n'avait plus de fils ; il raconta avec une simplicité si éloquente la démarche faite par la Martine auprès de Mlle Paumelle, que l'avocat n'eut que quelques mots à ajouter.

La Martine fut acquittée.

Elle sortit en pleurant, au bras du vieux prêtre qui connaissait sa résolution.

Elle voulait racheter son passé en entrant dans l'ordre religieux des Sœurs grises.

La foule morne qui stationnait à l'entour du palais de justice, s'écartait respectueusement devant elle.

Cette même foule hua le condamné, quand on le reconduisit dans la prison.

Rossignol faillit être porté en triomphe.

M. Jouval n'avait pas jugé prudent de retourner le soir même à Saint-Florentin.

Il se rendit à la gare du chemin de fer et prit un billet pour Paris, emmenant avec lui Ulysse le tonnelier, son dernier courtisan.

....

Le dénoûment de cette histoire qui est d'hier, est facile à deviner.

Mignonne Paumelle est devenue baronne de Misseny.

Grâce à la fortune de sa jeune femme, le gentilhomme pauvre a restauré son vieux manoir et la vieille demoiselle se sent rajeunir chaque jour.

Les nouveaux époux n'ont pas voulu rebâtir la Renardière par un sentiment facile à comprendre, mais ils ont conservé toutes les terres et les fermes qui en

Malheureusement, il n'est pas de bonheur complet et sans nuage.

Quelques semaines après leur union, Anatole et Mignonne ont éprouvé une grande douleur, qu'ils ont partagée, du reste, avec tout le pays.

Le bon curé Duval a eu son changement.

Il y avait quarante ans qu'il était à Saint-Florentin, et il espérait y mourir.

L'autorité supérieure ecclésiastique en a décidé autrement.

Et comme le vieux prêtre tout en larmes se jetait aux genoux de monseigneur en le suppliant de ne pas le séparer de ses enfants, le prélat lui répondit :

— Mon vénérable ami, l'apôtre doit toujours marcher devant lui, en prêchant la parole de Dieu, et ne jamais regarder en arrière.

La paroisse dans laquelle je vous envoie a besoin de vous.

Et le vieux prêtre s'inclina en signe d'obéissance.

Heureusement pour les bonnes gens de Saint-Florentin, Saint-Donat, la nouvelle cure de l'abbé Duval, n'est qu'à trois lieues de distance, et il a promis de venir baptiser le premier enfant de la jeune baronne de Misseny.

C'est à Saint-Donat que nous retrouverons l'abbé Duval, et sans doute quelques autres des personnages de ce premier récit, ne fût-ce que M. Jouval, le tyranneau rustique, et notre bon ami Bigorne, le sacristain.

FIN DU PREMIER ÉPISODE.

II

LA MÈRE MIRACLE

CHAPITRE Ier

La mère Miracle suivait, un peu avant le coucher du soleil, les bords du canal, entre Pont-aux-Moines et Saint-Donat.

Le canal n'a pas les honneurs d'une navigation remorquée par des chevaux ; ce qui fait que le chemin de halage, au lieu d'être une route fangeuse et défoncée, est au contraire un joli sentier frayé entre deux bandes de gazon, courant à l'ombre d'une belle rangée de peupliers, et gagnant sur la route départementale, qui fait plusieurs circuits, un bon kilomètre sur cinq.

C'est la distance de Pont-aux-Moines à Saint-Donat. Cette route était familière à la mère Miracle.

Bien souvent, elle l'avait faite deux fois par jour; car, outre son métier de sorcière qui ne lui rapportait rien,— car c'était gratis qu'elle disait la bonne aventure, — comme il fallait vivre, elle se chargeait, pour les deux ou trois châteaux du voisinage, d'une foule de commissions.

Alors, comme Saint-Donat est tout petit, qu'il ne possède ni épicier, ni boucher, la mère Miracle, son panier au bras, s'en allait à Pont-aux-Moines et prenait le bord du canal.

Souvent, quand elle ne partait pas de trop bonne heure, elle rattrapait en route le facteur qui suivait volontiers le même chemin; et, comme elle était *jaseuse*, la bonne mère, elle se déliait un brin la langue, ce qui a toujours raccourci les distances.

Ce n'était pas, comme on pourrait le supposer à ce nom de mère Miracle, une vieille et une mendiante.

De son vrai nom, elle s'appelait Marthe Chivot. Elle n'avait jamais été mariée, et il n'y avait rien à dire sur sa conduite.

Ce sobriquet de *mère* lui venait, chose assez bizarre, de sa jeunesse.

Enfant du pays, Marthe Chivot, prise d'une belle vocation religieuse, s'en était allée à l'âge de dix-huit ans se présenter dans un couvent de sœurs hospitalières.

Elle y était restée sept ou huit ans, sans prononcer autre chose que des vœux temporaires, ne se sentant pas assez parfaite, disait-elle, pour se lier éternellement à Dieu.

Ce qui ne l'avait pas empêchée de partir avec d'autres religieuses pour la Cochinchine, au bout de ce temps-là. Elle était restée dix autres années dans l'extrême Orient.

Pourquoi était-elle revenue?

C'était ce que nul ne savait à Saint-Donat.

De ce passé-là, de cette vie d'abnégation et peut-être de tortures, la mère Miracle ne parlait jamais.

C'était maintenant un secret entre elle et Dieu, car ses compagnes apostoliques étaient mortes à la peine, et, seule, elle avait été sauvée par un navire européen des mains d'un mandarin farouche qui s'apprêtait à la mettre à mort.

Quand elle fut de retour à Saint-Donat, Marthe Chivot ne trouva plus personne de sa famille.

Tout le monde était mort, et son père lui avait laissé pour tout bien une maisonnette au bout du pays, avec un coin de jardin et un bout de champ, le tout frappé d'hypothèques, ce qui fit que, pour conserver la maison, il allut vendre le champ et le jardin.

Marthe avait alors trente-six ans à peine ; mais, en même temps que son visage, qui avait été beau, s'était revêtu, au soleil d'Orient, d'une couleur brune et presque cuivrée, ses cheveux, jadis noirs, étaient devenus tout blancs.

Il n'y avait pas un mois qu'elle était de retour, que le bruit se répandit qu'elle était sorcière.

Non point sorcière dans la mauvaise acception du terme ; elle ne jetait pas de sorts aux récoltes et aux troupeaux, elle ne regardait pas les malades de ce *mauvais œil* qui les fait mourir.

Certes non !

C'était une bonne sorcière. Elle avait des remèdes pour une foule de maux, guérissait les bestiaux malades, savait cueillir dans les champs et aux bords des bois des herbes qui, mises en tisane, coupaient la fièvre. Mais, comme toutes ces connaissances, que sans doute elle avait acquises dans ses voyages et pendant son séjour dans les hôpitaux, ne pouvaient être prises au sérieux par les paysans sans un brin de sorcellerie, Marthe disait parfois la bonne aventure, en regardant un peu dans le creux de la main, et beaucoup dans le visage et les yeux.

Rarement elle se trompait.

Elle avait prédit que Cuissard, un homme violent et presque toujours en état d'ivresse, ferait un grand malheur quelque jour.

L'événement lui avait donné raison.

Cuissard avait tué une femme et on l'avait envoyé au bagne.

Elle avait dit que mademoiselle Claire, la fille du notaire de C., ferait un riche mariage.

La chose s'était réalisée.

Quand elle rencontrait une jeune fille qui s'enrubannait un peu trop le dimanche, elle lui disait :

— Mon enfant, tu étais hier soir au long du canal avec Jacques le meunier; c'est un conteur, prends-y garde.

La jeune fille rougissait, et, comme elle avait

la conviction que la veille personne n'avait pu la voir se laissant embrasser par Jacques le meunier, elle proclamait de plus belle que Marthe Chivot était sorcière.

Il n'en fallait pas davantage pour qu'on lui eût donné le nom de *mère Miracle*.

Or donc, ce soir-là, comme le soleil allait disparaître de l'horizon, la mère Miracle suivait le chemin de halage et marchait d'un bon pas.

C'était une petite femme, un peu sèche, un peu nerveuse, proprette comme une épouse de magister, et marchant sans jamais se crotter, même par les temps boueux.

Le printemps commençait, les prés étaient verts, l'air avait perdu sa fraîcheur humide.

Quelques nuages blancs couraient çà et là dans le ciel d'un bleu cendré et semblaient s'accrocher au clocher pointu comme une aiguille de l'église de Saint-Donat, qui apparaissait dans le lointain au travers d'un rideau de saules.

Mais la mère Miracle prêtait peu d'attention à ce retour du beau temps, à ce calme de la campagne et au paysage qui n'était pas sans charmes. Elle marchait avec vitesse et paraissait pressée d'arriver.

Un petit vacher, qui était couché dans l'herbe à trente pas de son troupeau, se dressa comme elle arrivait sur lui, et dit :

— Vous paraissez joliment pressée, maman Miracle, ce soir.

— Mon garçon, répondit-elle, j'ai encore un bout de chemin d'ici au château des Ormes.

— Ah ! vous allez aux Ormes ?

— Oui, mon garçon.

— Si c'est pour voir *le monsieur*, dit le petit vacher, vous arriverez trop tard, la mère.

A ces paroles, la bonne sorcière s'arrêta court et regarda l'enfant d'un air effaré.

— Que veux-tu dire ? fit-elle.

— Le *monsieur* est mort voilà une heure, dit le vacher.

— Mort! dit la mère Miracle qui devint toute tremblante. Mort! en es-tu bien sûr?

— Pardine! je viens de voir passer M. le curé qu'on était venu chercher en toute hâte.

— Et, dit la mère Miracle avec un redoublement d'émotion, M. le curé est-il arrivé à temps?

— Non, *le monsieur* venait de *passer*.

La mère Miracle leva les yeux au ciel, et deux larmes roulèrent lentement le long de ses joues.

— En voilà des écus et des terres, continua le vacher, qui iront on ne sait à qui !

La mère Miracle ne répondit pas.

Elle regardait tour à tour le clocher de Saint-Donat, et plus loin, sur la gauche, au bord de la forêt, les deux grosses tours du château des Ormes.

Le vacher continua :

— Hier soir, au cabaret de Roquillon, l'ancien adjoint, on disait comme ça que le vieux monsieur n'avait pas de parents. Peut-être bien qu'il aura tout laissé aux hospices.

Et comme la mère Miracle paraissait ne pas entendre et demeurait comme pétrifiée, le vacher dit encore :

— Ce serait une belle charité de sa part s'il avait laissé quelque chose à M. Henri. Ça fait peine, comme disait ma mère pas plus tard que ce matin, de voir ce garçon, qui est le fils de l'ancien seigneur de Saint-Donat, ne savoir ni lire ni écrire, et s'en aller aux champs comme un paysan tel que nous.

Ce nom de M. Henri avait fait tressaillir la mère Miracle des pieds à la tête.

— Tu as raison, mon garçon, dit-elle, mais *le monsieur* n'y a peut-être pas songé. Et je suis arrivée trop tard, moi...

Cependant, comme si elle eût encore douté de l'authenticité de la nouvelle :

— Il n'était pourtant pas malade à la mort ce matin, dit-elle, à preuve que je suis partie pour aller chercher des remèdes.

Mais le vacher n'eut pas besoin de répondre.

La cloche de l'église se mit en branle, et le glas funèbre du *monsieur* du château des Ormes, traversant l'espace, vint retentir aux oreilles de la mère Miracle.

Alors elle se remit en route, obéissant à un secret espoir sans doute, car elle murmura :

— Après ça, c'est bien possible... le *monsieur* a peut-être songé à M. Henri.

CHAPITRE II

Le lendemain, à la même heure, on avait enterré le monsieur du château des Ormes, mort sans confession, et peut-être sans héritiers.

Qu'était-ce que ce personnage dont la mort avait arraché des larmes à la mère Miracle?

Il nous faut, pour le savoir, pénétrer, le soir des funérailles, dans le cabaret du père Jacques Roquillon, ancien adjoint au maire de Saint-Donat.

Un type que ce Jacques Roquillon!

Son cabaret était au bout du pays, tout contre le pont du canal.

Pendant vingt années qu'il avait exercé les

fonctions municipales, le père Roquillon, tonnelier, vigneron et cabaretier, avait constamment réuni chez lui tous les membres du conseil, et, leur versant à boire, fait une opposition acharnée au maire, au curé, à la fabrique, à tout ce qui enfin était au-dessus de lui.

En dépit des règlements préfectoraux, Roquillon fermait son cabaret bien après l'heure fixée.

Le garde champêtre l'avait constaté ; le maire lui avait fait de vertes semonces.

Roquillon s'en moquait, comme il se moquait de la loi, qu'il était cependant chargé de faire respecter.

Un beau jour on l'avait destitué.

Dès lors, le cabaret des *Bons-Enfants*, c'était le nom de son établissement, était devenu un véritable rendez-vous de tous les mécontents et de tous les chenapans du pays.

Le *café de l'Univers*, à Saint-Florentin, était un établissement modèle auprès du bouchon tenu par le père Jacques, comme on l'appelait.

En même temps que les mauvais garnements, les oisifs et les bavards s'y réunissaient volontiers, le dimanche pendant la messe et tous les soirs de la semaine ; de temps en temps, le garde champêtre verbalisait, l'ex-adjoint était condamné à une amende; mais le lendemain, les buveurs, qu'il attirait chez lui, se séparaient un peu plus tard, et c'était tout ce que l'arrêté préfectoral y gagnait.

A travers tout ce monde, une fille de seize ans, vive, alerte, aux gestes gaillards, allait et venait, frétillant, remuant, riant avec les uns, se montrant insolente avec les autres.

C'était mamselle Adèle, la fille au père Jacques.

Elle était de toutes les conversations, n'avait plus rien à apprendre, et le père Jacques lui disait :

— Si une fille veut s'établir et engluer un mari riche et bête, il faut qu'elle sache tout!

Or, ce soir-là, le cabaret des *Bons-Enfants* était plein, et on y parlait de défunt le monsieur des Ormes à toutes les tables.

Tastroin-Mathieu le boulanger, qui était un homme sage, disait :

— Je me souviens, comme si c'était à cette heure, du jour où le monsieur des Ormes est venu à Saint-Donat pour la première fois.

Les Ormes étaient encore alors à M. de Beauchêne, mais les hypothèques couvraient tout.

Il avait tout mangé, tout bu, tout joué, l'ancien seigneur,

Mme de Beauchêne était morte de chagrin ; en rendant le dernier soupir, elle avait recommandé le petit monsieur Henri à la Mathurine, la vieille servante, car elle n'avait plus de confiance qu'en elle.

Quant à M. de Beauchêne, il avait mené deux ou trois ans encore une jolie vie.

Il vendait chaque mois une ferme et une prairie.

Quand le monsieur qui est mort hier, vint à Saint-Donat, M. de Beauchêne n'avait plus que le château des Ormes ; mais il ne voulait pas le vendre, quoiqu'il dût dessus plusieurs centaines de mille francs.

C'était au jeu qu'il avait presque tout perdu ; mais plus il se ruinait, plus il disait :

— Je suis sûr de me refaire un beau matin.

— C'est toujours comme ça, interrompit Branchu, le maréchal ferrant, qui était un homme de bon sens.

— Attendez donc, reprit Tastroin-Mathieu, que je vous narre la chose.

J'étais domestique au château. M. de Beauchêne me dit un matin :

— Tu vas atteler ma jument au tilbury et tu iras à Orléans chercher M. Noël, un de mes amis de Belgique qui vient me voir.

Comme ça ne désemplissait pas aux Ormes, et qu'après les uns c'étaient les autres, ça ne m'étonna pas.

Je mis la jument au tilbury, et deux heures après j'étais à la gare du chemin de fer, alors tout nouveau.

Je m'attendais à voir descendre du train quelque brave monsieur de Paris, avec un cor de chasse en bandoulière et un fouet de chasse dans ses bottes, comme il en venait cinquante par an au château des Ormes.

Je vis un petit vieux, coiffé d'une casquette, habillé comme un magister, et à qui on aurait fait volontiers l'aumône.

Mais il avait une bague à son doigt et des boutons à sa chemise, que M. Carapin, le bijoutier de la rue Royale, lequel se trouvait là par hasard, estima tout de suite plus de trente mille francs.

Ce petit vieux jasa familièrement avec moi tout le long du chemin.

A Bionne nous bûmes un coup de bière, à Chéry une bouteille de vin blanc.

— A qui est ce château? à qui est cette ferme? me disait-il de temps en temps. Ça me plaît, je l'achèterai!

Tantôt il me disait *vous*, tantôt *toi*, mais il ne

finissait jamais de parler sans ajouter : *savez-vous*.

Nous arrivâmes aux Ormes.

Quand je vis l'empressement que M. de Beauchêne mettait à le recevoir, je me dis :

— Pour sûr, il lui prêtera de l'argent.

Le lendemain, le notaire de Château-Neuf arriva, M. Noël achetait le château des Ormes à *réméré*.

— Qu'est-ce que c'est que ça ? demanda un des buveurs.

— Je vas vous dire, répondit Tastroin-Mathieu : Je te vends mon champ, une supposition.

— Bon !

— Tu me le payes, mettons cinq cents francs.

— Eh bien ?

— Si dans le temps fixé par l'acte de vente, je te rends tes cinq cents francs, je reprends mon champ.

— Bon ! c'est compris.

En vendant ainsi le château des Ormes, la seule chose qui lui restait, M. de Beauchêne, avait fait ce raisonnement :

« Je regagnerai au jeu tout ce que le jeu m'a pris. Je reviendrai et je reprendrai mon château. »

— Quand l'acte fut signé, continua Tastroin-Mathieu, le Belge tira de sa poche un portefeuille graisseux et en tira des petits bouts de papier qui étaient des obligations du gouvernement.

— Des bons du Trésor, rectifia Branchu qui était lettré comme un magister.

— C'est cela, dit Tastroin-Mathieu. Le lendemain, M. de Beauchêne partit, laissant au château M. Noël, le nouveau propriétaire, la Mathurine, sa femme de chambre, et le petit M. Henri, son fils, qui avait alors trois ans.

C'était un bonhomme que M. Noël, à preuve qu'il promit d'avoir bien soin du petit.

— Et M. de Beauchêne n'est jamais revenu?

— Jamais. Il était allé en Allemagne où il y a des villes qui font métier de donner à jouer. Quand il eut tout perdu, il se brûla la cervelle.

Alors M. Noël que vous avez tous connu depuis, acheva Tastroin-Mathieu, se trouva propriétaire pour toujours du château, car bien que le réméré soit de vingt ans, comme il y en a dix-huit de ça, et que M. de Beauchêne est mort...

— Il faudrait qu'un héritage tombât du ciel à M. Henri, pour que le château lui revînt.

— Ou bien que le vieux monsieur lui eût tout laissé.

— *Pas de ça, Lisette,* mes enfants, dit un paysan nommé Bornier, qui n'avait pas encore placé son mot.

M. Noël aimait bien les notaires, quand il fallait acheter des fermes, et vous savez s'il s'est arrondi depuis dix-huit ans; mais il s'est brouillé avec le notaire de Loury qui lui parlait un jour de faire son testament.

— Alors il n'en a pas fait!

— Oh! j'en suis bien sûr. Rien que l'idée qu'il pouvait mourir le rendait malade, *savez-vous ?*

— Mais on ne lui connaît pas d'héritiers?

— Il a des parents en Belgique.

— Leur a-t-on écrit?

— Je crois bien que oui, il y a cinq ou six jours, quand on a vu que M. Noël était au plus mal.

— Moi, dit Branchu, j'ai idée que nous allons les voir arriver en voiture à quatre chevaux, les hommes habillés comme des princes, les femmes avec des robes qui vous balayeront les chemins, ni plus ni moins que celles des filles de M. le maire.

Tandis que Branchu parlait, on frappa à la porte du cabaret et Roquillon alla ouvrir.

Deux hommes qui avaient la tournure, le costume et les manières de marchands forains, portant chacun une espèce de havresac sur le dos, un bâton noueux et ferré à la main, entrèrent en demandant à boire.

Le père Jacques n'était pas homme à refuser la pratique.

Il s'empressa de descendre à la cave, tandis que mamselle Adèle, qui regardait les nouveaux venus avec une curiosité insolente, débarrassait une table.

Les deux hommes, dont l'un pouvait avoir cinquante ans et l'autre quarante-cinq, s'approchèrent du feu et exposèrent leurs gros souliers à la flamme.

Le plus âgé se tourna vers le groupe de buveurs qui les examinait curieusement, et leur dit :

— C'est bien ici Saint-Donat, n'est-ce pas ?

— Oui, mon gros père, répondit mamselle Adèle, de son ton moqueur et insolent.

— Il y a un bout de chemin depuis Orléans, savez-vous ?

— Tiens, exclama mamselle Adèle en éclatant de rire, voilà qu'ils parlent comme M. Noël.

— C'est notre nom, dit le plus jeune des deux voyageurs; nous sommes *Pelges*.

— Noël, c'est votre nom? demanda Branchu stupéfait.

— Comme c'était celui de défunt notre oncle.

Ce fut un coup de théâtre.

Le père Roquillon, qui en ce moment remontait de la cave, laissa échapper le broc d'étain qu'il tenait à la main, et mamselle Adèle écarquilla ses yeux effrontés.

Ces deux paysans à souliers ferrés, à mine débonnaire et niaise, qui portaient tout leur bagage sur leur dos et étaient venus d'Orléans à pied, n'étaient autres que les neveux, et probablement les héritiers du monsieur du château des Ormes, lequel laissait une fortune en terres de plus d'un million.

CHAPITRE III

Les dernières paroles du plus âgé des deux voyageurs produisirent deux impressions différentes, la première, toute d'étonnement, de curiosité et presque de scepticisme ; la seconde, de respect.

Ces gens en blouse et en sabots étaient des millionnaires !

Aussi le revirement fut complet.

Roquillon ôta son bonnet de laine bleue, les autres leur casquette.

Mamselle Adèle, qui s'était montrée jusque-là insolente et moqueuse, prit sa mine la plus avenante et cessa d'appeler les nouveaux venus *braves gens!*

Cependant le père Jacques n'était pas homme à accorder ainsi de sa considération sans savoir au juste quelle somme il en devait dépenser.

Ces deux bonshommes disaient s'appeler Noël, être les neveux du défunt M. Noël et ses héritiers. Mais étaient-ils les seuls?

L'oncle Noël pouvait avoir laissé comme ça une douzaine de neveux, tous héritiers, puisqu'il avait toujours eu en horreur les testaments.

Alors les millionnaires n'étaient plus que de petits rentiers, et ils n'avaient plus droit qu'à une considération mesquine.

Et comme Jacques Roquillon, ex-adjoint et cabaretier, aimait à être fixé le plus tôt possible, il aborda franchement la question.

— Ah! dit-il en replaçant son bonnet de laine sur sa tête, c'est vous les héritiers?

— Oui, dit le plus âgé qui s'appelait Marc, moi et mon frère Joseph.

— Mais vous n'êtes pas seuls?

— Nous avions une sœur; elle est morte.

— Sans enfants?

— Elle n'était pas mariée.

— Vous avez peut-être bien des cousins ou d'autres parents au même degré?

— Non.

Roquillon ôta de nouveau son bonnet :

— Alors, dit-il, vous héritez de tout.

Et il salua.

Marc Noël eut sur son honnête figure un sourire béat :

— Ma foi! dit-il, ça ne veut rien dire, *tout*. Nous ne savons pas du tout ce qu'a laissé l'oncle, vu qu'il ne nous écrivait pas et que je n'avais pas dix ans quand il a quitté le pays.

— En vérité! exclama Roquillon stupéfait.

— Tout ce que nous savons, poursuivit Marc Noël, c'est que l'oncle était dans la contrebande. C'est un bon métier, quand on n'est pas pris. Il aurait amassé une centaine de mille francs, que ça ne nous étonnerait pas. Mais, dans la lettre qu'on nous a écrite, on ne nous a rien dit.

Ces paroles naïves avaient plongé les hôtes du cabaret dans une véritable stupeur.

Assurément, ces braves gens étaient millionnaires, et ils n'en savaient pas le premier mot.

Roquillon promena autour de lui un regard rapide et significatif.

Ce regard voulait dire :

— Faisons-les jaser d'abord, il sera toujours temps de leur apprendre la vérité.

Et chacun respecta cette consigne.

Roquillon reprit :

— Je crois bien qu'il laisse un peu plus que ça, votre oncle, mes braves gens, et si vous avez de la famille...

— Nous ne sommes mariés ni l'un ni l'autre.

Joseph Noël, silencieux jusque-là, jeta un regard amoureux et naïf sur le joli minois de mamselle Adèle.

— Dans notre pays, dit-il, quand on est pauvre on ne se marie pas... *misère avec misère, ça ne va guère*, et c'est notre proverbe, savez-vous ?

Roquillon se mit à rire.

— Alors, dit-il, vous ne savez pas ce qu'a laissé votre oncle ?

— Non.

— Il a laissé un château.

— Oh ! fit le bon Marc Noël, il y a des châteaux qui ne valent pas grand'chose. Dans la province de Liége, notre pays, pour trois mille francs on peut acheter une tour sur les bords de la Meuse.

— Attendez, continua Roquillon ; avec le château, il y a trois fermes.

— Je crois que vous vous moquez, savez-vous, dit Joseph qui caressait toujours du regard le minois effronté de la petite cabaretière.

— Et douze cents arpents de bois, acheva Roquillon.

Cette fois, Marc Noël, ébahi, reposa sur la table son verre encore plein.

— Et vous avez plus d'un million, ajouta Branchu le maréchal en manière de conclusion.

Les deux Belges naïfs se regardaient, puis regardaient les hôtes du cabaret et le cabaretier.

Se moquait-on d'eux ?

Leur disait-on la vérité ?

Ils avaient été pris l'un et l'autre d'une sorte de tremblement nerveux, et leur émotion était si grande qu'ils eussent difficilement articulé un mot.

Ce fut mamselle Adèle qui rompit le charme.

Elle regarda tendrement Joseph Noël et lui dit :

— Ça fait que maintenant, si vous en avez la fantaisie, vous pouvez bien vous marier.

L'honnête Belge, en dépit de ses quarante ans, eut un tressaillement dans le cœur, et sa figure débonnaire s'empourpra.

— Nous marier ! dit Marc Noël qui vida son verre, ce qui lui permit de retrouver la parole. Nous sommes bien trop vieux pour cela, savez-vous ?

Joseph ne souffla mot et continua à lorgner la jolie cabaretière.

Un oncle dont on se souvient à peine, qui n'a jamais écrit à sa famille, dont on hérite parce qu'il n'a pas fait de testament, n'inspire qu'un intérêt relatif et des regrets proportionnels à la valeur de l'héritage.

Mais on doit le pleurer sérieusement s'il laisse une fortune considérable.

Bien que ces deux paysans fussent les plus honnêtes gens de la terre, ils obéirent à ce sentiment d'égoïsme naïf.

Marc Noël se souvint parfaitement de son oncle. Il en parla les yeux secs d'abord, puis il s'attendrit et pleura.

Joseph voulut qu'on lui racontât comment son oncle était mort, qui l'avait soigné, et s'il avait eu des serviteurs dévoués et des amis à ses derniers moments.

Roquillon lui donna complaisamment tous ces détails.

Branchu parla de M. Henri, qui avait maintenant dix-huit ans.

Qu'était-ce que M. Henri?

On l'apprit aux deux frères.

Par exemple, ce ne fut pas Roquillon.

Le cabaretier et sa fille auraient volontiers glissé sur M. Henri.

Mais Tastroin-Mathieu ne se fit pas faute de parler de M. de Beauchêne, l'ancien propriétaire du château des Ormes, et de cet enfant qu'il avait laissé et qui avait grandi sous la protection avaricieuse de l'oncle Noël, dans cette maison qui n'était plus à lui.

— Nous le garderons avec nous, dit le bon Marc, et ce qui est à nous continuera à être à lui.

— Certainement oui, dit Joseph.

Roquillon haussa les épaules, mais il n'osa pas faire de réflexion.

Marc jeta vingt sous sur la table pour payer les deux bouteilles de vin.

— A présent, dit-il, si c'est un effet de votre bonté de nous indiquer le chemin pour aller aux Ormes, ça nous fera plaisir.

— Est-ce loin du pays? demanda Joseph.

— Un bon kilomètre. Mais je vais vous conduire, dit Roquillon.

Et il remit pour la seconde fois son bonnet de laine sur sa tête.

En ce moment le garde champêtre frappa à la porte.

— Hé ! père Jacques, cria-t-il, voilà une heure que votre bouchon devrait être fermé. Est-ce qu'il va falloir verbaliser de nouveau ?

— Père Simon, répondit Roquillon d'un ton hautain, je vous engage à ne pas faire le malin avec moi. On ne sait pas ce qui peut arriver... qui vivra verra.

Et il prit un bâton, tandis que les buveurs sortaient un à un.

— Hé ! fillette, dit encore Roquillon, veux-tu faire la conduite à ces messieurs ? ça te promènera.

— Je veux bien, dit mamselle Adèle qui jeta à l'innocent Joseph Noël une œillade incendiaire............................
....

Le lendemain matin, comme le curé de Saint-Donat sonnait sa messe, la mère Miracle, qui s'y rendait tous les jours avec une grande régularité, traversa le pays de son pas alerte, ses jupes bien retroussées, ses sabots soigneusement graissés et sa chevelure blanche emmaillottée dans une coiffe toute neuve.

Pour entrer à l'église, il fallait passer devant le cabaret des *Bons-Enfants*.

Assis sur un banc, au dehors, maître Roquillon fumait sa pipe dans l'attente indolente d'un homme qui attend la fortune sans se déranger.

— Bonjour, mère Miracle, dit-il.

— Bonjour, père Jacques, répondit la bonne sorcière.

Elle allait continuer son chemin, mais le père Jacques l'arrêta :

— Attendez donc un peu, maman ! dit-il.

Puis, se tournant vers la porte de sa maison qui était ouverte :

— Hé ! fillette ! dit-il.

Mamselle Adèle, qui balayait l'intérieur du cabaret, accourut.

— Voilà maman Miracle qui va te dire la bonne aventure, dit-il.

La sorcière tressaillit ; elle songea même à refuser.

Mais déjà l'effrontée lui tendait la main.

La mère Miracle prit cette main, se retourna et se mit à l'étudier gravement.

— Est-ce que je me marierai bientôt ? demanda mamselle Adèle.

— Oui, répondit la mère Miracle.

— Avec qui ?

— Avec un homme riche.

Roquillon tressaillit et mamselle Adèle rougit de plaisir.

— Mais, ajouta la mère Miracle d'un ton sévère, il ne suffit pas d'avoir de l'argent pour être heureuse...

Et, sur cette prédiction qui avait quelque chose de sinistre, la mère Miracle continua son chemin.

— Bah! dit Roquillon qui était un endurci, quand on a de l'argent on est toujours heureux!

— Vous parlez comme un magister, père, dit mamselle Adèle en lui sautant au cou.

Et le père et la fille reprirent leur rêve d'ambition.

CHAPITRE IV

Franchissons maintenant un laps de temps de dix-huit mois, et pénétrons au château des Ormes. C'est une construction féodale, à en juger par les deux tours massives qui flanquent la façade du midi. Les tours du nord ont été rasées.

Il y a deux siècles environ, les Ormes s'élevaient au milieu des bois.

Depuis, on a défriché, et la forêt s'est retirée en arrière, à quatre ou cinq cents mètres, dégageant une demi-lune de terres arables et de prairies.

C'était jadis le château seigneurial de Saint-Donat dans les vieilles chartes orléanaises;

l'emplacement occupé par le manoir des Ormes est désigné comme ayant servi de camp retranché aux Alains, au temps où saint Aignan était évêque d'Orléans.

Le parc a disparu; il n'en reste que quelques vieux arbres.

Les murs de la cour d'honneur étaient jadis ceints d'un fossé.

Les murs se sont écroulés, le fossé a été comblé.

La révolution vit le pillage du château.

M. de Beauchêne, le père de celui qui devait vendre plus tard les Ormes au Belge Noël, rentrant en 1809, n'était plus assez riche pour le restaurer.

En 1815, il eut sa part du milliard des émigrés; mais il était devenu avare pendant les mauvais jours, et au lieu d'appeler à son aide une légion de maçons, d'architectes et d'ornemanistes, il racheta successivement toutes ses fermes et toutes ses terres, vendues une à une comme biens nationaux.

A père avare fils prodigue, dit le proverbe.

M. de Beauchêne, le fils, restaura en partie le château et vendit les fermes; puis, les fermes vendues, il fit main-basse sur le nouveau mobilier.

L'oncle Noël, qui était un homme simple, jeta par terre les murs de la cour pour bâtir une grange, et comme par goût il aimait à se tenir à la cuisine, il laissa tomber en désuétude tous les appartements ; si bien que lorsqu'il mourut et que le château passa aux mains de ses héritiers, ce n'était plus qu'une vaste demeure ayant l'air d'une ferme et ne conservant qu'à l'extérieur son aspect d'imposante grandeur.

Donc, dix-huit mois après les événements que nous racontions naguère, celui qui un soir fût entré au château des Ormes, guidé par le bruit et les lumières, serait allé tout droit à la cuisine, l'unique pièce constamment habitée.

Il aurait trouvé là un poêle en faïence remplaçant l'antique cheminée, et auprès de ce poêle, par les temps d'hiver, quatre personnes se chauffant : les deux nouveaux propriétaires, Mathurine, la vieille femme de charge de M. de Beauchêne, et le jeune M. Henri, cet héritier sans héritage, ce dernier rejeton d'une famille qui avait pacifiquement régné sur Saint-Donat pendant plusieurs siècles.

Les frères Noël n'avaient changé qu'une chose au château des Ormes.

Ce poêle belge avait remplacé la cheminée française.

Ils avaient gardé leurs gros souliers, leurs habits de bure, leur accent liégeois et leur bonhomie.

Bons agriculteurs, ils s'étaient mis à cultiver les terres qui entouraient le château; mais ils avaient conservé tous les domestiques, dont la plupart étaient entrés du temps de M. de Beauchêne.

Ils avaient trouvé, en arrivant, le jeune M. Henri qui pleurait sincèrement le défunt.

Marc lui avait tendu sa main calleuse en lui disant :

— Il n'y a rien de changé ici, savez-vous, monsieur, et tu resteras avec nous.

— Et nous vous aimerons comme si tu étais notre fils, avait ajouté Joseph Noël.

Naturellement, la vieille Mathurine était restée, tout comme le fils de ses anciens maîtres.

Les Ormes étaient entourés de grands bois giboyeux, attenant eux-mêmes à la forêt.

M. Henri était chasseur, et bon chasseur.

Les frères Noël, qui avaient été quelque peu braconniers dans leur pays, s'empressèrent, en devenant riches, de prendre des permis de chasse.

Mais, toujours bonnes gens, ils permirent à tous les propriétaires voisins de venir sur leurs terres et ne se montraient nullement jaloux.

Il n'y avait pas un an qu'ils étaient à Saint-Donat que tout le monde les aimait.

On s'était bien un peu moqué d'eux tout d'abord, mais la raillerie ne tint pas contre leur bonhomie et leur extrême franchise.

Le dimanche, ils venaient à la messe comme de bons chrétiens qu'ils étaient.

Après la messe, ils entraient passer une heure au cabaret de Roquillon.

Les projets de ce dernier avaient-ils avorté ou bien l'ex-adjoint les avait-ils ajournés?

Voilà ce qu'on ne savait pas.

Le naïf Joseph Noël continuait à lorgner mamselle Adèle.

Mamselle Adèle lui souriait d'un air de plus en plus provoquant; mais, soit que le Belge fût timide, soit qu'il subît quelque influence qui l'empêchât d'aller plus loin, il n'était pas question jusqu'alors de la réalisation de la prophétie échappée à la mère Miracle.

L'homme riche n'arrivait pas.

Quelquefois mamselle Adèle était prise d'une violente colère.

Alors son père la câlinait en lui disant :

— Prends donc patience, tout est bien qui finit bien !

— Vous croyez donc que ça finira bien ?

— Pardine !

Et Roquillon cerclait les tonneaux pour la vendange prochaine.

Au château des Ormes, rien n'était donc changé, si ce n'est que les frères Noël avaient remplacé l'oncle Noël.

Le jeune M. Henri se mêlait avec ces derniers des travaux des champs, et comme eux il allait à la chasse.

Deux bassets et un chien d'arrêt composaient tout son équipage.

Mais il était bon tireur, nous l'avons dit, et il rentrait souvent la carnassière pleine.

Or, un soir, notre jeune homme suivait un petit sentier de forêt qui, venant du bourg de Trainou, tombe directement aux terres des Ormes.

Il cheminait lentement, son fusil sur l'épaule, un peu rêveur, lorsqu'il entendit derrière lui le trot d'un cheval.

Presqu'au même instant un grand lévrier jaune passa près de lui, rapide comme un éclair.

Henri de Beauchêne, surpris, se retourna.

Il vit, à une centaine de pas en arrière, une femme à cheval.

Et, de plus en plus surpris, il s'arrêta.

Les amazones sont rares dans l'Orléanais, bien que ce soit un des plus beaux pays de chasse à courre.

Aux environs de Saint-Donat, on n'avait jamais ouï parler d'une châtelaine courant les sentiers de la forêt sur une belle ponnette bai brun, précédée par un lévrier d'Ecosse à long poil.

Moitié curiosité, moitié ébahissement, Henri de Beauchêne s'arrêta donc et laissa l'amazone arriver sur lui.

C'était une jeune femme qui pouvait avoir vingt-quatre ou vingt-cinq ans.

Etait-elle jolie?

Henri n'était pas assez compétent en cette matière pour le pouvoir juger.

Mais il lui parut, en ce moment, que toutes les femmes qu'il avait vues jusque-là n'étaient que de grossières créatures auprès d'elle.

Le cheval, et M. Henri se connaissait un peu mieux en chevaux, était un magnifique double poney d'Irlande, et son écuyère le maniait avec une grâce sans pareille.

Enfin, le lévrier qui revenait au galop vers

sa maîtresse, lui sembla le plus admirable chien qu'on pût rêver.

Et il contemplait tout cela naïvement, planté tout debout au milieu du sentier comme un dieu terme, lorsque l'amazone arriva sur lui.

— Monsieur? fit-elle.

Henri tressaillit des pieds à la tête.

La voix de l'amazone était une musique.

Il ôta respectueusement sa casquette et attendit.

— Monsieur, répondit l'amazone, seriez-vous assez bon pour me tirer d'embarras?

— Madame... balbutia Henri.

— Je me suis égarée, monsieur, reprit-elle en souriant. Où conduit le chemin?

— Madame, répondit Henri, il descend vers les Ormes.

— Bon! et ensuite?

— Il va jusqu'à Saint-Donat.

— Saint-Donat n'est-il pas le village qui est à l'ouest de Fay-aux-Loges?

— Oui, madame.

— Alors, c'est fort bien. Je me reconnais maintenant... Mille fois merci!

Elle le salua de la main, en lui adressant un sourire.

Puis, elle continua sa route au grand trot.

Ebloui, Henri s'était assis au pied d'un arbre, et il la suivit des yeux jusqu'à ce qu'elle eût disparu dans un angle du faux chemin.

Alors, un bruit se fit sous bois, et par un autre faux chemin, qui rejoignait celui où il était, Henri de Beauchêne vit apparaître la mère Miracle.

CHAPITRE V

M. Henri était tellement ému de la rencontre qu'il venait de faire, qu'en apercevant la mère Miracle, il se prit à rougir comme un écolier pris en faute.

La bonne vieille le salua en souriant :

— Hé! dit-elle, vous revenez bien tard de la chasse, monsieur Henri.

En même temps elle s'assit auprès de lui.

Puis ses yeux s'arrêtèrent sur la terre humide du faux chemin dans laquelle les sabots de la ponette étaient profondément marqués.

— Tiens, fit-elle, qui donc a passé par ici? On ne chasse pourtant pas à courre dans la forêt aujourd'hui.

— C'est une belle dame, répondit Henri de Beauchêne toujours ému.

— Une belle dame?

— Oui.

— A cheval?

— Dame! fit Henri.

La mère Miracle le regardait et s'apercevait de son trouble.

— Comment est donc le cheval? demanda-t-elle.

— Bai brun. C'est une jument.

— Est-ce que cette dame n'a pas un chien avec elle?

— Oui, un grand lévrier jaune.

— Alors, dit la mère Miracle, je sais qui c'est.

— Ah! fit Henri de plus en plus ému.

— C'est la baronne Mercier, dit la sorcière.

Henri entendait prononcer ce nom pour la première fois.

— Une jolie femme, ma foi! continua la mère Miracle, et veuve avec ça, et riche!

— Je n'ai jamais entendu parler d'elle, dit naïvement le jeune homme.

— Ça c'est possible, car elle est tout nouvellement dans le pays.

— Et où habite-t-elle? demanda Henri avec un redoublement de curiosité.

— De l'autre côté de la forêt, au château de Reuil.

— Mais, dit le jeune homme, le château de Reuil est inhabité.

— C'est-à-dire, répliqua la mère Miracle, qu'il l'était l'année dernière; mais en un an il se passe quelquefois bien des choses.

— C'est vrai.

— Reuil était à un monsieur de Paris, qui n'y venait pas, mais il le laissait tomber en ruines. La baronne Mercier l'a acheté.

— Il n'y a pas longtemps?

— Voici un mois qu'elle l'habite.

— Seule?

— Avec une vieille dame sa parente, et un petit garçon de quatre ans son fils.

M. Henri de Beauchêne aurait voulu savoir encore bien des choses; mais la mère Miracle changea de conversation.

— Dites donc, monsieur Henri, dit-elle, est-ce que les frères Noël sont toujours bons pour vous?

— Oh! répondit-il, je serais leur frère qu'ils ne m'aimeraient pas davantage.

La mère Miracle hocha la tête.

— Tant mieux! dit-elle en soupirant.

Henri ne souffla mot. Peut-être songeait-il à la belle amazone.

La mère Miracle reprit après un silence :

— Défunt votre malheureux père est bien coupable, monsieur Henri, d'avoir ainsi mangé tout son bien.

Le jeune homme tressaillit.

— Ce qui est fait est fait, dit-il tristement.

— Quand on pense, continua la sorcière, que tous ces champs, tous ces bois, ces fermes et ce château devraient être à vous.

— Et que je suis pauvre comme Job, n'est-ce pas? fit-il avec mélancolie.

La mère Miracle poursuivit :

— Les frères Noël sont bons pour vous, mais ça durera-t-il toujours?

— Je ne sais pas.

— Ils peuvent se marier, l'un ou l'autre... et alors...

A ces derniers mots le jeune homme se redressa avec une fierté subite :

— Maman Miracle, dit-il, je sais à peine lire et écrire, et j'ai été élevé comme un paysan ; mais il y a des moments où je sens d'où je viens et ce que je suis ; alors je m'indigne de manger un pain qui ne m'appartient pas, et je songe à gagner ma vie.

— Ah! fit la mère Miracle.

— Tenez, poursuivit Henri, il y a des moments où j'ai mon idée... où je songe à quitter le pays.

— Que ferez-vous?

— Je me ferai soldat.

— C'est bien, ça, dit la mère Miracle.

— Un soldat, voyez-vous, continua le jeune homme, n'est à charge à personne... Il sert son pays... Et l'état militaire est le plus convenable qu'il y ait pour un noble ruiné.

— C'est encore mon avis, dit simplement la sorcière.

Puis, comme si elle eût voulu encourager le jeune homme dans sa résolution par un brin de merveilleux, elle lui dit :

— Donnez-moi donc votre main, monsieur Henri, je vais vous dire la bonne aventure.

Henri tendit la main en riant.

La mère Miracle se prit à en étudier attentivement les lignes.

Tout à coup son front se dérida, se creusa ensuite d'une ride imperceptible, et enfin, un sourire vint à ses lèvres :

— Je vois bien des choses, dit-elle.

— Que voyez-vous donc, maman Miracle ?

— Votre ligne de chance est brisée, tourmentée au départ.

— Bon !

— Elle se continue ensuite un peu plus régulièrement.

— Eh bien ?

— Puis elle devient droite, unie, magnifique.

— Qu'est-ce que cela veut dire, maman Miracle ?

— Cela veut dire, mon cher enfant, qu'au commencement de votre existence, vous avez eu bien des malheurs.

— C'est vrai, murmura le jeune homme avec mélancolie.

Et il se prit à songer à sa mère, qu'il avait à peine connue, et à la mort tragique de son père.

— Ensuite, votre vie, sans être heureuse, a été plus calme, poursuivit la mère Miracle.

— C'est encore vrai, cela. Et si ce n'était la pensée que je mange le pain d'autrui, je me trouverais heureux.

— Attendez donc, reprit la mère Miracle qui s'empara de nouveau de la main du jeune homme, qu'est-ce que je vois donc là ?

Et elle examinait attentivement deux brisures de cette ligne de chance qui précédaient l'endroit où elle redevenait d'une rectitude parfaite.

— Eh bien, fit Henri en souriant, que voyez-vous?

— Une grande tempête dans votre cœur.

— Ah!

Et M. Henri tressaillit.

— Vous aurez un grand amour.... contrarié...

— Et malheureux? dit-il avec mélancolie.

— Voici une ligne qui dit oui, une qui dit non. Il faudra voir.

Et la sorcière se leva.

— Adieu, monsieur Henri, dit-elle. J'ai un bout de chemin à faire d'ici Saint-Donat.

— Mais, maman Miracle, dit-il en se retournant, vous ne m'avez pas dit une chose.

— Laquelle?

— Si je me fais soldat, deviendrai-je un jour général?

— C'est bien possible, répondit-elle, vous êtes d'assez bonne race pour ça... Et puis, votre ligne de chance devient très-belle... Persistez dans votre idée toujours, et dans tous les cas le bon Dieu aide ceux qui lui demandent son aide.

— Bonsoir, monsieur Henri!

Et la sorcière s'en alla.

Henri de Beauchêne demeura longtemps encore assis au pied de son arbre, perdu en une rêverie profonde.

Songeait-il aux prédictions de la sorcière?

Son esprit troublé suivait-il le chemin qu'avait dû prendre la belle amazone?

Mystère!

Les deux bassets s'étaient couchés à ses pieds et sommeillaient.

Enfin Henri se leva, reprit son fusil et se remit en route, toujours pensif, mais résolu à changer d'existence et à se faire soldat.

Après une demi-heure de marche, il atteignit la lisière du bois et vit se dresser devant lui les deux grosses tours du château des Ormes.

La nuit était venue, et avec elle la lune montait à l'horizon.

Henri traversa le potager, au lieu de faire le tour pour entrer par la grande porte, et il pénétra tout droit dans le milieu du château par une porte basse qui s'ouvrait au nord.

Mais il s'arrêta un peu interdit sur le seuil.

Les frères Noël, les bons Belges, comme on les appelait, toujours unis, toujours d'accord ordinairement, se querellaient à qui mieux

mieux, et Marc, l'aîné, paraissait en proie à une grande colère :

— Tu es fou, savez-vous, disait-il à Joseph, complétement fou !... à ton âge, songer à une fillette qui n'a pas vingt ans !

Henri fit deux pas vers le poêle de faïence, et ni Marc ni Joseph ne firent attention à lui, tant ils étaient échauffés par leur discussion.

CHAPITRE VI

Comment cet orage avait-il éclaté tout à coup ?

Il suffit souvent d'un grain de brise folle pour faire crever un nuage.

Depuis dix-huit mois, c'est-à-dire depuis le soir où ces deux voyageurs en sabots qui s'en venaient à pied d'Orléans pour recueillir un million s'étaient arrêtés au cabaret du père Jacques Roquillon pour boire un coup, Joseph Noël avait une idée fixe.

C'était un singulier homme que ce Joseph Noël.

Petit, maigre, musculeux, noir de peau, avec ses cheveux châtain clair et une barbe tirant sur le roux, les lèvres charnues, les dents jaunes et mal rangées, l'œil bleu, un peu indécis, il formait un contraste frappant avec son frère.

Marc avait dix ans de plus.

C'était presque un colosse. Il était blond comme un Saxon, avait les dents blanches, le sourire amène, les traits épatés, et quelque chose, dans tout l'ensemble, qui dénotait une certaine violence de caractère, une exubérante franchise, un cœur excellent et une mauvaise tête.

Il eût passé dans le feu pour ceux qu'il aimait; mais quand il détestait les gens, il les détestait bien.

Joseph, au contraire, était ce qu'on appelle un homme *tout en dedans*.

Il commentait ses haines et ses affections; timide à l'excès, il n'osait s'ouvrir à personne.

Depuis dix-huit mois il s'en allait, chaque dimanche, boire un coup au cabaret de maître Jacques.

Boire n'était qu'un prétexte.

Joseph Noël prétendait que le meilleur vin du monde ne valait pas une chope de faro ou de *gueuse lambick*.

Voir mamselle Adèle était le but réel de ses stations *au Rendez-Vous des Bons-Enfants.*

Il buvait, voyait mamselle Adèle et s'en allait content.

Mamselle Adèle, par contre, n'était pas précisément satisfaite.

Depuis dix-huit mois qu'elle et son père avaient couché en joue le Noël millionnaire, elle n'était guère plus avancée.

Joseph la regardait et rougissait, puis il buvait un coup et rougissait plus fort, puis il en buvait un second et s'en allait.

— Et en voilà pour jusqu'à dimanche prochain! murmurait mamselle Adèle avec dépit.

Un soir son père lui dit :

— Tu as tort de te désespérer, ma petite.

— Ce n'est pourtant pas encourageant, mon père, répondit-elle avec humeur.

— Les femmes, dit-il, ça ne comprend rien aux affaires.

— Oui-da, fit mamselle Adèle avec étonnement.

— Ecoute, dit Roquillon, qui prit sa fille sur ses genoux. Je vas t'expliquer la chose.

— Voyons ?

— Si Joseph Noël était seul, il y a longtemps

qu'il serait venu me dire : Baillez-moi donc votre fille.

— Bon ! est-ce qu'il n'est pas son maître ?

— Si fait bien, mais...

— Mais quoi ?

— Il y a son frère qui est son aîné et qui le gouverne.

— Ah ! la vieille bête ! murmura mamselle Adèle avec un accent de haine ; si jamais il me passe par les mains, nous verrons !

Roquillon continua :

— Comme le frère n'est pas amoureux, il estime que les affaires sont les affaires, et que, quand un homme a du bien, il doit prendre une fille qui en a.

— Et je n'ai pas grand'chose, moi, dit Adèle. Faudrait peut-être que j'aie des écus plein mon tablier pour devenir la femme de ce vieux qui a les dents jaunes, qui sait ?

— Non, mais tu aurais une vingtaine de mille francs que tu délierais la langue à Joseph.

— Malheureusement je ne les ai pas.

— Tu pourrais bien les avoir au premier matin, fit Roquillon d'un ton de mystère.

Mamselle Adèle ouvrit de grands yeux.

— Hein ? fit-elle.

— Nous sommes en train de faire un héritage.

— Nous !

— Pardieu !

— Mais tous nos parents sont plus pauvres que nous. D'ailleurs ils ont des enfants.

— Nos parents, je ne dis pas. Mais... ton parrain... qui va mourir...

— Le compère Victor, comme vous l'appelez.

— Justement. Il est vieux le bonhomme, et M. Simoneau, le médecin de Faye, m'a dit qu'il n'en avait pas pour un mois, vu qu'il s'est donné un effort l'été dernier en faisant sa vendange et qu'il crache le sang jour et nuit depuis ce temps-là.

— Mais, mon père, observa mamselle Adèle, vous oubliez une chose...

— Voyons ça, fit Roquillon en clignant de l'œil.

— Le compère Victor, mon parrain, a deux neveux, les propres fils de sa sœur, qui s'était mariée à Jargeau.

— Je ne dis pas non.

— Et c'est eux qui hériteront.

— Nenni-da ! répondit Roquillon, ils sont brouillés à mort, l'oncle et les neveux. C'est moi qui ai amené depuis longtemps le grabuge.

— Ce n'est pas une raison pour que mon parrain les déshérite.

— Si fait bien. Il ne veut pas en entendre parler.

— Soit, mais s'il ne fait pas de testament...
— Il en a fait un.

Mamselle Adèle tressaillit.

— Et en ta faveur, dit Roquillon. Aussi, tu ferais bien d'aller le voir un peu, le compère Victor. Voici huit jours qu'il ne quitte pas le coin de son feu.

— Et vous croyez...

— Quand tu auras les vingt mille francs du compère Victor, car sa maison et son clos de vigne valent bien ça, tu peux te regarder comme Mme Noël.

Et le père Jacques Roquillon plongea ses deux doigts dans sa tabatière de bouleau et huma savoureusement une prise.

....

Or, le lendemain de cette conversation, mamselle Adèle trottait menu sur le chemin qui conduisait à la maison de ce vieillard qu'on appelait le compère Victor.

Cette maison était sur la droite du canal, au bord du coteau.

Un clos de vigne d'une dizaine d'arpents l'entourait, en bonne exposition du soleil, si bonne qu'on avait coutume de dire que la meilleure cuvée de Saint-Donat était celle de maître Victor.

C'était un vieux célibataire d'humeur chagrine, presque sauvage, qui avait pris tout le monde en grippe, excepté Roquillon, qui le prenait par son faible, en lui achetant sa récolte à un prix plus élevé que celui de la mercuriale.

— C'est de l'argent bien placé, se disait le rusé cabaretier en agissant ainsi.

Il avait raison, comme on a pu le voir par sa conversation avec sa fille.

Roquillon avait su capter la confiance du vieillard près de sa fin, et se faire faire un testament en faveur de mamselle Adèle.

Celle-ci s'en allait donc chez son parrain, gentille et bien troussée dans ses ajustements du dimanche, un panier au bras, et dans ce panier une belle volaille, des œufs et un morceau de lard qu'elle portait à son parrain.

Quand elle fut en haut du coteau, elle s'arrêta.

De ce point culminant, on apercevait les grosses tours du château des Ormes.

Mamselle Adèle soupira en songeant que pour peu qu'elle eût de la chance, elle pourrait bien un matin se réveiller châtelaine.

Et comme elle était là, en contemplation, le bruit d'un de ces lourds chariots attelés de bœufs, qui sont communs dans le centre de la France, se fit entendre derrière elle.

Elle se retourna et reconnut le chariot de la ferme des Ormes qui gravissait lentement le coteau, chargé de bourrées de peupliers.

Un valet de ferme conduisait l'attelage.

Un autre homme cheminait à cinquante pas en arrière. Mamselle Adèle eut un battement de cœur.

Elle éprouva cette angoisse joyeuse de l'oiseau de proie perché sur un roc et qui découvre une victime dans la plaine.

Cet homme, c'était Joseph Noël, qui continuait à aller aux champs comme un bon paysan qui a besoin de gagner sa vie.

Mamselle Adèle ne bougea pas; elle laissa passer le chariot et attendit sa victime de pied ferme.

A la vue de la jeune fille, Joseph fut pris d'une telle émotion que ses pieds s'enfoncèrent en terre, tandis qu'il lui semblait que ses jambes rentraient sous lui.

Mais la fillette avait déjà reconquis toute son audace moqueuse et son habituelle effronterie.

— Eh! monsieur Noël, dit-elle, vous vous donnez du mal comme un homme qui n'a pas de quoi, ce me semble.

En effet, Joseph était en bras de chemise et suait à grosses gouttes.

Il avait certainement donné un rude coup de main pour faire le chargement.

— Faut bien travailler, mamselle, dit-il, en rougissant jusqu'aux oreilles.

— Vous n'en avez guère besoin, pourtant...

— Ça ne fait rien, savez-vous?

Il aurait voulu continuer son chemin, mais mamselle Adèle le regardait et il n'avait plus de jambes.

— Et où allez-vous donc comme ça, mamselle Adèle? dit-il, en faisant un effort pour vaincre sa timidité.

— Chez mon parrain.

— Qui donc est votre parrain?

— Le compère Victor.

Et la jeune fille montra du doigt la maisonnette et le clos de vigne.

Joseph Noël fit preuve en ce moment d'un courage héroïque.

— Mamselle, dit-il en bégayant un peu, —

car il bégayait le bon Belge, — j'ai justement affaire à lui.

— Oui-da !

— Et si je ne craignais pas..., si j'osais..., sauf votre respect...

— Vous me feriez la conduite, pas vrai ?

Joseph Noël bégaya de plus belle.

— Eh bien, venez, dit-elle d'un ton de reine pleine de condescendance.

Joseph Noël, s'il eût été d'un tempérament apoplectique, eût certainement alors éprouvé un coup de sang.

Et la mignonne se prit à cheminer à côté de lui, tandis que Joseph Noël laissait son charretier et son attelage continuer leur route vers les Ormes, dont le chemin coupait, en forme de croix, celui qui conduisait à la maisonnette du compère Victor.

— S'il ne jase pas, cette fois-ci, pensait mamselle Adèle, c'est qu'il n'aura pas de langue !

CHAPITRE VII

Cependant le bon Belge ne parlait pas.

Il marchait à côté de mamselle Adèle, mais il ne trouvait pas un mot à dire.

Son cœur seul battait la générale, et il flageolait en marchant, comme s'il eût été ivre.

Ce que voyant, mamselle Adèle résolut de lui délier la langue.

— Est-ce que vous avez acheté du vin à mon parrain, monsieur Joseph ? dit-elle.

— Non, mais je voudrais lui en retenir deux pièces de sa prochaine vendange.

— Faut vous dépêcher alors.

— Est-ce qu'il aurait déjà tout vendu ?

Et Joseph levait sur la fillette un regard timide.

— Je ne sais pas, mais il est bien malade, mon parrain.

— Ah! il est malade? répéta Joseph comme un écho.

— Et le médecin de Fay-aux-Loges dit qu'il ne passera pas l'automne.

— Je ne savais pas, savez-vous? murmura Joseph Noël, qui un quart d'heure avant se souciait fort peu de la cuvée du compère Victor.

— Mais, reprit mamselle Adèle, si mon parrain n'est plus là dans deux mois, nous y serons, nous...

— Hein? fit Joseph, qui se risqua à regarder la jeune fille en face.

— Et mon père vous vendra du vin.

— Votre... père...

Mamselle Adèle cligna de l'œil.

— On peut bien vous dire ça à vous, fit-elle, car vous êtes un bien brave homme.

Joseph Noël rougit de plus belle.

— Mon parrain me laisse son bien.

— A vous?

Et Joseph s'arrêta stupéfait.

— Tiens! pourquoi donc pas? dit-elle en prenant sa mine mutine.

— Mais... je ne dis pas... il a raison... il fera très-bien... savez-vous?

— Il a au moins trente mille francs, mon parrain, poursuivit la jeune fille. Pour un richard comme vous ça n'est guère... mais pour nous... qui sommes des pauvres gens...

— Oh! mamselle!

— Et mon cousin le grand Jacques sera joliment content.

Le chevreuil couché au fond des bois ne bondit pas plus subitement quand il entend un aboiement lointain ; le vieux cheval de bataille retourné à la charrue ne dresse pas plus rapidement l'oreille au bruit du clairon.

Joseph Noël fit un véritable soubresaut à ce nom de grand Jacques.

Le grand Jacques, Jacques le meunier autrement dit, le cousin de mamselle Adèle, était le *casse-cœur* de Saint-Dónat.

Le dimanche, quand on dansait dans la grange du charron, toutes les filles se le disputaient; il avait fait plus de malheureuses, avec son visage haut en couleur, ses beaux favoris noirs et sa tournure de coq de village, que Don Juan de galante et satanique mémoire.

Si le grand Jacques parlait à une fillette, le soir, au long du canal, on jasait, et tous les hommes devenaient jaloux.

Joseph Noël, qui commençait à connaître toute la population de Saint-Donat, savait les mérites du grand Jacques.

Aussi s'arrêta-t-il brusquement, et de rouge qu'il était devint-il pâle comme un mort.

— Le grand Jacques... balbutia-t-il, le grand Jacques !

— C'est mon cousin, dit mamselle Adèle.

— Ah ! je ne savais pas... savez-vous ?

— Et nous sommes quasiment *promis*.

Joseph Noël avait des bourdonnements dans les oreilles et des titillements dans les yeux.

La fillette impitoyable continua :

— Il m'est avis que lorsque mon parrain Victor sera mort, le grand Jacques sera si pressé d'avoir une meunière au moulin qu'il ne me laissera pas le temps de porter mon deuil.

Ces derniers mots furent pour le naïf Joseph le coup de grâce.

Ses jambes fléchirent et la terre sembla tourner sous ses pieds.

— Ah!... balbutia-t-il, le grand Jacques sera votre mari...

— Autant lui qu'un autre.

— Ah !...

Et il eut un rire forcé qui eût arraché des larmes.

— Mais qu'est-ce que vous avez donc, monsieur Joseph? dit mamselle Adèle en riant.

— Moi... rien... c'est-à-dire... il fait chaud... le soleil m'a entêté...

— Vous boirez un coup chez mon parrain.

— Excusez-moi... mamselle... mais... j'ai réfléchi... je n'irai pas aujourd'hui... bonsoir... bonne route...

Et Joseph Noël, qui paraissait en proie à un véritable accès de folie, salua la jeune fille et s'éloigna brusquement.

— Bon! dit la rusée commère en continuant son chemin, je crois bien que je le tiens cette fois!

Et elle se garda bien de se retourner.

Joseph Noël, qui avait fait d'abord quelques pas en sens inverse, s'arrêta de nouveau.

Puis il se mit à suivre du regard la jeune fille, jusqu'à ce qu'elle eût disparu derrière la haie qui entourait le clos de vigne du compère Victor.

Alors il s'assit sur une grosse pierre qui se trouvait au bord du chemin, cacha sa tête dans ses deux mains et se mit à fondre en larmes, comme une femme ou un enfant.

....

Le soir, en rentrant des champs, le frère

aîné Marc Noël trouva Joseph dans la cuisine, assis auprès du poêle, les yeux encore rouges, mais le visage éclairé par une de ces résolutions subites qui s'emparent des natures faibles et les transforment tout à coup.

— Qu'est-ce que tu as donc, frère? demanda le bon Belge, un peu étonné de cette tristesse sombre.

— Rien, dit sèchement Joseph.

Marc bourra sa pipe et s'assit également auprès du poêle.

Puis, comme Joseph demeurait silencieux ou bien ne répondait à ses questions que par de brusques monosyllabes, il s'écria :

— Pour sûr, il t'est arrivé un malheur!

— Mais non, dit Joseph.

— Je ne t'ai pourtant jamais vu comme ça, et même au temps où nous étions pauvres tu étais un bon compagnon, plus qu'aujourd'hui.

— L'argent ne fait pas le bonheur, répondit Joseph avec un gros soupir.

— Mais il y aide un brin tout de même ; savez-vous? répondit Marc Noël avec un gros rire.

— Nous sommes tout seuls et nous nous faisons vieux, dit Noël.

— C'est vrai.

— Et à qui donc laisserons-nous notre bien ?

— Faudra voir... dit Marc ; et puis il y a M. Henri... qui est jeune...

— C'est vrai ; mais ça n'est pas notre sang...

— Ça n'empêche pas de l'aimer...

— Je ne dis pas non.

Et Joseph retomba dans son mutisme.

Un instant après il reprit :

— C'est dommage que nous ne soyons pas mariés, l'un ou l'autre.

— Pourquoi donc ça ?

— Pour avoir des enfants, donc !

— Ce qui est fait est fait, répondit Marc.

— Mais nous pourrions bien nous marier encore, dit Joseph.

Marc haussa les épaules.

— Nous sommes trop vieux, dit-il.

— A savoir...

Et Joseph, voyant que son frère ne répondait pas, ajouta avec effort :

— Moi, j'ai dans l'idée de me marier...

— A quarante-deux ans ?

— Autant vaut tard que jamais.

— Alors, dit Marc, il faut-t'en aller dans notre pays, chercher une veuve qui t'approche comme âge... puisque ça te plaît.

— C'est pas la peine d'aller dans notre pays.
— Pourquoi donc ?
— On peut bien trouver une femme à Saint-Donat.

Marc regarda son frère avec un certain étonnement.

— Il n'y a pas de veuve, à ma connaissance, dans Saint-Donat.
— Mais il y a des filles...
— Ah !
— Et j'en connais une qui ferait mon affaire...

L'étonnement de Marc devenait de la stupeur.

Mais Joseph s'était aventuré trop loin pour ne pas aller jusqu'au bout.

Et, frappant tout d'un coup de son poing fermé sur le poêle, il s'écria :

— Je veux me marier.
— Mais avec qui ? demanda Marc.
— Avec une fille qui me plaît.
— Comment l'appelles-tu ?
— C'est la fille au père Jacques.
— Le cabaretier ?
— Oui.

Ce fut cet aveu qui amena cette explosion de colère de la part de Marc et cette querelle entre les deux frères, au milieu de laquelle M. Henri entra dans la cuisine.

Tout à coup Marc se retourna, aperçut le jeune homme et lui dit :

— Comprenez-vous ça? il veut épouser une fille de dix-neuf ans.... et qui a une mauvaise réputation...

— Ce n'est pas vrai! tu en as menti! exclama Joseph en fureur.

Et le mouton devenu loup marcha droit à son frère les poings fermés.

Heureusement M. Henri était là et l'arrêta en chemin.

Alors les nerfs de Joseph se détendirent et il se laissa tomber sur une chaise.

Puis il se remit à pleurer...

Marc n'avait peut-être jamais vu pleurer son frère.

Le bon Belge sentit son cœur se fendre. Il prit Noël dans ses bras et lui dit d'un ton bourru :

— Eh bien, animal, fais donc ce que tu voudras!

CHAPITRE VIII

Il n'y avait pas dix minutes, ce soir-là, que la mère Miracle avait quitté M. Henri, qu'elle rencontra, tout au bord de la forêt, un personnage qui est notre ancienne connaissance.

C'était maître Bigorne, le sacristain du curé Duval, le desservant de Saint-Florentin.

La forêt d'Orléans, dont nous avons souvent parlé dans nos précédents récits, n'est pas, à proprement parler, une forêt d'un seul tenant.

Elle commence à Chanteau, presque aux portes de la ville, remonte vers le nord-est jusqu'à Chilleurs et forme alors un épais massif qu'on appelle la *Grande-Forêt*, et qui a pour centre les fermes d'Ambert et d'Ardelet, qui sont, en même temps, des rendez-vous de chasse à courre.

Puis elle infléchit vers le sud et n'est plus qu'une bande étroite qui longe Rebrechien, Loury, Boigny, Saint-Donat et Fay-aux-Loges, bois de mauvaise venue, gaulis tout au plus bon à faire des cercles de tonneaux, et que l'Etat aliène chaque année partiellement.

Puis encore elle redevient massif à la Cour-Dieu, et borne au nord Saint-Florentin, Sully et plusieurs autres pays sur la rive droite de la Loire.

Mais c'est toujours la forêt, et d'Orléans à Montargis, elle n'a pas d'autre nom.

Il n'y a pas trois lieues de Saint-Florentin à Saint-Donat.

Les gars de ce dernier pays vont tous les vendredis au marché de Saint-Florentin.

La mère Miracle connaissait Bigorne; elle était allée bien souvent au presbytère de Saint-Florentin et parlait de M. Duval avec vénération.

Cependant, en rencontrant Bigorne au bord de la forêt, à cette heure un peu avancée de la soirée, elle témoigna quelque étonnement.

— Où allez-vous donc, monsieur Bigorne? lui demanda-t-elle.

Le Dératé était à pied, comme toujours, et cheminait de cette allure bizarre qui lui était particulière et qui tenait à la fois du pas et du trot.

— Où je vais? ma bonne Miracle, dit-il en s'arrêtant et en poussant un gros soupir, hélas! je vais à Saint-Donat.

— Ça vous fait donc de la peine, d'aller dans notre pays, monsieur Bigorne?

Le sacristain soupira plus fort.

— Dame! dit-il, nous étions depuis si longtemps à Saint-Florentin, M. le curé et moi, lui depuis quarante ans, et moi depuis ma naissance... C'est dur à notre âge de changer comme ça.

— Que parlez-vous de changer? demanda la mère Miracle étonnée.

— C'est pas la peine que vous soyez sorcière, répondit Bigorne, puisque vous ne savez pas même ce que savent les autres.

— Mon garçon, répondit la bonne femme, il n'y a que le bon Dieu qui sait tout, et parce qu'il plaît aux gens du pays de me consulter, de se trouver bien de mes conseils et de me faire une réputation de sorcellerie dont je suis bien innocente, cela ne veut pas dire que je sache l'avenir.

— Hélas ! ma bonne mère Miracle, répondit Bigorne, ce n'est plus de l'avenir, c'est du présent.

— Mais qu'est-il donc arrivé ?

— M. le curé quitte Saint-Florentin.

— Ah ! seigneur Dieu ! et où va-t-il ?

— A Saint-Donat.

— Quel bonheur ! fit la bonne femme avec un mouvement de joie égoïste.

Elle connaissait depuis bien longtemps le digne prêtre et elle savait ses vertus.

Par contre, elle ne pouvait regretter beaucoup le desservant actuel de Saint-Donat, jeune prêtre, dont c'était la première cure, et qui était venu dans le pays il y avait six mois à peine.

— Ça vous plaît à dire : Tant mieux ! dit tristement Bigorne, parce que vous n'aurez pas trois lieues à faire pour venir vous confesser à M. l'abbé Duval ; mais vous ne pensez guère à nous en étant si joyeuse.

— C'est vrai, mon pauvre garçon, dit maman Miracle, pardonne-moi.

— Saint-Florentin est quasiment une ville, poursuivit Bigorne, il y a de tout ; et puis, notre presbytère avait l'air d'un vrai château.

— Tandis que Saint-Donat est un pauvre petit bourg, n'est-ce pas?

— Un méchant village de cent feux, fit dédaigneusement Bigorne, avec un presbytère qui est une grange et un jardin grand comme ma main.

— Tout cela est vrai, dit la mère Miracle; mais enfin, mon garçon, qu'est-il donc arrivé pour que *monseigneur* se décide à un tel changement? Est-ce que M. l'abbé Duval a démérité? Ce n'est pas possible!

— Non, mais *monseigneur* a prétendu que Saint-Donat était une paroisse difficile à mener, où il y avait beaucoup de mauvais exemples et peu de bons...

— C'est assez vrai cela, dit la mère Miracle, et nous avions besoin d'un homme comme l'abbé Duval.

Les gens du bourg ne sont pas mauvais; mais il y a des fermes au bord de la forêt et dans la forêt des maisonnettes de chambrions où il y a des hommes sans religion et sans foi ni loi. Si M. Duval vient ici il aura bientôt tout changé.

Puis, comme si elle eût voulu détourner un peu le cours du naïf chagrin de Bigorne, la mère Miracle ajouta :

— Est-ce que M. Duval arrive à Saint-Donat ce soir?

— Non, mais il m'envoie auprès de M. le curé.

— Ah!

— Pour savoir quel jour il doit partir, si toutefois il a reçu déjà avis de son changement. Et vous, mère Miracle, où allez-vous?

— Moi, répondit la mère Miracle, je vais au château de Reuil. J'avais pensé d'abord à descendre à Saint-Donat, mais j'ai réfléchi que j'avais un mot à dire à la nouvelle propriétaire de Reuil.

— Ah! fit Bigorne, Reuil a donc changé de maître?

— Oui.

— Depuis quand?

— Depuis un mois ou deux; bonsoir, Bigorne.

— Bonsoir, maman Miracle, répondit le sacristain qui continua sa route, tandis que la bonne sorcière rebroussait chemin en se disant:

— Il y a un bout de chemin d'ici à Reuil; mais il fait clair de lune... et puis autant vaut que ce soit ce soir que plus tard!

Et elle se dirigea à travers la forêt vers ce petit manoir dans lequel nous allons la précéder,

CHAPITRE IX

Dans un pays plat et qui manque essentiellement de pittoresque, tout ce qui est original, gracieux et coquet, emprunte son cachet et son caractère au voisinage de la forêt.

Reuil était situé au milieu des bois.

C'était un pied-à-terre de chasse, une enclave de forêt dans la forêt.

C'était à coup sûr un château, mais un château moderne, élevé une cinquantaine d'années auparavant par un chasseur.

Murailles de brique rouge, tourelles en poivrière, toit d'ardoise.

On eût dit un joli manoir de Sologne qui, s'ennuyant au milieu de ses sapins, avait passé la Loire pour venir habiter parmi les chênes et les bouleaux.

Un étang qui baignait la façade méridionale complétait l'illusion.

Une demi-douzaine de lignes forestières rayonnaient vers lui ; mais, comme en dehors des arbres de la forêt, il était entouré d'un rideau d'ormes, on n'en apercevait de loin que les tourelles et la toiture.

L'étang avait un quart de lieue de circonférence ; il portait bateau et renfermait de belles carpes presque aussi grosses que celles de Fontainebleau.

Mais il avait une mauvaise réputation.

Tout comme certaines maisons, les étangs de l'Orléanais sont accusés de bon nombre de méfaits.

L'étang de Reuil avait un nom singulier : il s'appelait la *Mare au noyé.*

La superstition populaire, très-affaiblie, du reste, au moment où commence notre histoire, prétendait qu'un ancien piqueur du marquis de P... s'y était noyé par désespoir d'amour, et que, certaines nuits, il sortait de l'eau, venait s'asseoir sur la berge et exerçait alors un pouvoir véritablement satanique.

Si un jeune homme prêt à se marier passait

à la distance d'un quart de lieue, en ce moment-là il pouvait être certain que son mariage n'aurait pas lieu.

Le noyé par amour était là pour lui jeter un sort.

Aussi, quand on vit venir à Reuil, vers la fin du printemps, cette jeune et belle femme encore vêtue de noir qu'on appelait la baronne Mercier, les bonnes gens des environs s'écrièrent-ils que jamais elle ne pourrait se remarier, à cause du voisinage dangereux de la Mare au noyé.

L'eau de l'étang était verdâtre; les bords étaient couverts de joncs.

C'était un refuge tout trouvé, l'hiver, pour les bandes de canards sauvages qui venaient du nord et s'y abattaient par centaines.

Le jour, on eût dit un honnête petit lac artificiel, une réduction de ceux du bois de Boulogne.

La nuit, il avait un aspect sauvage, et si la lune se montrait à l'horizon, elle ne manquait pas de projeter sur les berges l'ombre noire de quelque chêne voisin qui prenait tout de suite les fantastiques proportions du fantôme redouté.

Heureusement la jeune châtelaine n'était

pas superstitieuse, et elle avait amené à Reuil des domestiques de Paris qui ne croyaient pas davantage au funeste pouvoir de l'étang.

Qu'était-ce que la baronne Mercier ?

D'où venait-elle ?

C'était là ce que nul ne savait dans le pays.

La baronne était une Parisienne ; là se bornaient les renseignements.

Pourtant la province est cancanière ; elle aime à savoir l'histoire des nouveaux venus, à connaître leur chiffre de fortune, leur passé, leurs alliances.

Quand le bruit s'était répandu que le château de Reuil était vendu et que le nouvel acquéreur était une jeune et jolie veuve, chacun s'était promis, dans le voisinage, de recevoir sa visite, de la lui rendre et d'être bientôt au courant, comme on dit.

Chacun s'était trompé.

La baronne n'avait fait de visite à personne.

Elle s'était installée à Reuil avec une vieille dame et un jeune enfant, un joli petit garçon de quatre ans, qui l'appelait maman.

Deux voitures de déménagements avaient apporté au château un élégant mobilier parisien.

L'écurie avait reçu deux chevaux de selle et une belle jument carrossière.

Un domestique mâle, jardinier et cocher, une femme de chambre, un groom et une cuisinière composaient la livrée.

Ces quatre serviteurs étaient d'une discrétion absolue.

La baronne montait beaucoup à cheval ; elle se promenait seule dans la forêt, suivie ou précédée de ce grand lévrier jaune que M. Henri avait tout à coup vu bondir auprès de lui.

Pendant quinze jours, dans les châteaux et les maisons bourgeoises du voisinage, on avait fait mille commentaires sur la jeune femme.

Puis on n'en avait plus parlé.

Une seule personne avait, une fois déjà, franchi le seuil du petit manoir.

C'était la mère Miracle.

Un soir qu'elle passait sous les murs de Reuil, elle s'était assise un moment sur un banc de gazon, à vingt pas de la porte.

La baronne était à sa fenêtre.

Elle descendit et dit avec bonté à la sorcière :

— Seriez-vous malade, ma bonne femme ?

— Non, madame, je suis un peu lasse.

La baronne avait fait entrer maman Miracle au château.

La bonne sorcière s'y était réconfortée d'un verre de vin et de quelques aliments.

Puis elle avait longtemps causé avec la baronne.

Puis, chose bizarre! le cocher, qui nettoyait ses harnais à la porte de la sellerie, avait vu, une heure après, la mère Miracle sortir tout émue et des larmes plein les yeux.

En même temps, quand la paysanne fut partie, la femme de chambre remarqua que *madame* avait pleuré également.

Que signifiait cette double et subite émotion s'emparant à la fois de deux femmes naguère étrangères l'une à l'autre?

Les domestiques se le demandèrent inutilement.

Depuis lors, la mère Miracle n'était point revenue.

Depuis lors aussi elle parlait rarement, à Saint-Donat, de la châtelaine de Reuil; mais, si elle en parlait, c'était avec une admiration émue.

De son côté, plusieurs fois, la jeune femme avait demandé des nouvelles de la sorcière.

Quel était donc ce mystère?

Nous allons essayer de le pénétrer.

CHAPITRE X

Le soir où la baronne Mercier avait trouvé la mère Miracle assise à sa porte, elle l'avait conduite en la faisant entrer, au rez-de-chaussée, dans un petit salon transformé en boudoir.

La vieille dame de compagnie de la baronne tenait sur ses genoux le joli enfant qui, en voyant la bonne sorcière, s'écria :

— Ah! maman, comme elle est vieille!...

Un sourire vint aux lèvres de la baronne.

— Gaston, dit-elle, tu m'as promis d'aller te coucher... Tu sais qu'il est l'heure depuis longtemps.

— Oui, maman, répondit l'enfant avec soumission.

— Allons, venez, mon ami, dit la vieille dame en le prenant par la main.

Et l'enfant parti, la baronne et la mère Miracle se trouvèrent seules.

Le salon était peu éclairé.

Une seule lampe, couverte d'un abat-jour, était placée sur une table à ouvrage.

La baronne eut besoin de remonter cette lampe et, pour cela, elle enleva l'abat-jour.

Alors la lumière se projeta sur les murs et éclaira tout à coup un portrait d'homme placé en face de la cheminée.

C'était un jeune homme, portant l'aiguillette d'or et la capote bleue d'un enseigne de vaisseau de la marine française.

La mère Miracle qui regardait curieusement tout ce qui se trouvait autour d'elle leva les yeux sur ce portrait et jeta un cri.

La baronne étonnée la regarda.

Mais une émotion subite s'était emparée de la bonne femme et tout son corps tremblait, tandis que ses lèvres murmuraient :

— Oui, c'est lui ! c'est bien lui !

Alors non moins étonnée, non moins émue, la baronne avait accablé la mère Miracle de questions et voici ce qu'elle avait répondu :

Un matin, il y avait environ dix-huit ans,

aux portes mêmes de Shangaï, une foule immense attendait, anxieuse, frémissante, un de ces spectacles émouvants qui auront toujours le triste privilége de passionner la foule. Au milieu d'une immense place, on avait dressé un échafaud.

Et sur cet échafaud devaient périr, par le glaive, trois malheureuses femmes dont l'unique crime était d'avoir voulu porter la parole du Christ dans les lointaines régions de l'extrême Orient.

L'attente avait été longue.

Bien avant le point du jour, le peuple chinois parcourait les rues de la ville en criant et trépignant.

Les femmes portaient des torches; les hommes qui étaient lettrés s'arrêtaient aux carrefours et se groupaient autour des poteaux sur lesquels on avait placardé l'arrêt de mort prononcé par le mandarin.

Puis le jour était venu, et une rumeur étrange avait parcouru la ville.

On disait qu'une frégate de barbares, c'est-à-dire d'Européens, s'était montrée en rade, avait envoyé un canot à terre, et menaçait le mandarin de bombarder la ville s'il laissait exécuter la sentence prononcée.

De là cette impatience féroce d'un peuple qui ne veut pas qu'on lui ravisse le plaisir qu'il s'est promis.

Le jour était donc venu, puis le soleil.

La foule hurlait et poussait des cris de rage.

Enfin on entendit un coup de canon.

C'était le signal de l'exécution.

L'échafaud était dressé contre la prison dont une fenêtre s'ouvrait dessus de plain-pied.

Cette fenêtre ouverte, on vit apparaître les trois malheureuses femmes.

On leur avait laissé leurs habits européens, c'est-à-dire leur robe de sœurs grises, et on leur avait lié les mains derrière le dos.

Quand elles furent sur l'échafaud, elles levèrent les yeux au ciel, puis, martyres résignées, elles attendirent.

Le bourreau commença sa terrible besogne.

La plus âgée des trois sœurs s'agenouilla, posa sa tête sur le billot et reçut le coup fatal.

La foule applaudit avec des trépignements.

Puis ce fut le tour de la seconde ; et la foule en délire fit entendre des hurlements.

Mais comme la plus jeune s'agenouillait à son tour, il se fit une immense rumeur.

Déjà le bourreau faisait tournoyer son

glaive, lorsqu'une balle siffla et le renversa sanglant auprès de la patiente encore vivante.

En même temps une troupe de marins français conduits par un jeune officier s'ouvrait à coups de sabre un passage à travers le peuple, escaladait l'échafaud et sauvait la dernière des trois pauvres sœurs grises.

Or, cette dernière n'était autre que la pauvre paysanne orléanaise, celle que, plus tard, dans son pays, on devait appeler la mère Miracle.

Et le jeune officier qui, désespérant d'arriver à temps, avait fait feu sur le bourreau chinois, c'était celui que représentait le portrait accroché dans le petit salon du château de Reuil.

— C'était mon mari! murmura Mme Mercier fondant en larmes, après le récit de la mère Miracle.

— Il est donc mort? dit la vieille en joignant les mains.

— Il y a deux ans.

En effet, le capitaine de frégate baron Mercier avait succombé dans la dernière campagne de Cochinchine, laissant une veuve de vingt ans et un petit enfant! Et quand l'émotion de ces deux femmes, naguère inconnues l'une à l'autre, et maintenant unies par un souvenir et un mutuel regret, se fut un peu calmée, Mme Mercier dit à la mère Miracle :

— Maintenant, ma bonne femme, faites-moi un serment.

— Parlez, dit la vieille. Je suis à vous corps et âme, mon cher ange du bon Dieu.

— Promettez-moi de ne dire à personne, dans ce pays-ci, que je suis la veuve de l'homme qui vous a sauvée.

La mère Miracle fut un peu étonnée de cette prière. Mais elle fit le serment qu'on lui demandait.

Depuis ce jour, elle n'était point revenue au château de Reuil; et il fallait qu'elle eût pris une résolution bien subite pour rebrousser chemin, ce soir-là, après avoir rencontré Bigorne, le sacristain du bon curé Duval.

Maintenant, pourquoi la baronne Mercier avait-elle exigé ce serment solennel de la mère Miracle? C'est ce que nous allons vous dire.

CHAPITRE XI

Il était huit heures du soir.

En forêt, la nuit semble venir plus vite; mais, par contre, si la lune remplace le jour, elle paraît plus lumineuse au milieu des bois.

A quoi tient ce phénomène? On l'a observé souvent sans pouvoir l'expliquer.

Les arbres ont des reflets étincelants; l'herbe des clairières devient, comme on dit, argentée.

Dans les grandes allées forestières, on y voit mieux qu'en plein jour, au clair de lune, un lièvre qui passe au petit trot ou un chevreuil qui franchit en deux bonds un fossé.

La lune baignait donc la forêt, étalant sa blanche lumière sur les ardoises grises et les rouges murailles du château de Reuil.

L'air était doux encore, en dépit des premières bises d'octobre; la Mare-au-Noyé resplendissait comme un lac d'argent.

— Madame n'est pourtant pas encore rentrée, dit tout à coup Jean, le domestique à tout faire, qui cumulait les fonctions de jardinier et de cocher.

— Madame ne tardera pas, répondit le groom, qui se trouvait à une fenêtre du premier étage, j'entends dans le lointain le trot de la ponette.

— Ah! fit Jean, qui prêta l'oreille et dit au bout d'un moment : Moi, je n'entends rien du tout.

— C'est que vous avez l'oreille dure, Jean.

Et le groom descendit et vint s'asseoir sur le banc placé à côté de la porte.

Jean fumait tranquillement, en homme qui a fini sa journée et n'a plus rien à faire.

Le groom, qui était un jeune garçon qu'on avait pris à Orléans, aimait à causer avec Jean qui lui parlait de Paris et lui en racontait mille merveilles.

— Est-ce qu'il y a longtemps, dit-il, que vous êtes au service de Mme la baronne ?

— Six ans, répondit Jean. Elle s'est mariée

à seize ans, elle en a vingt-deux ; je suis entré chez elle le jour de son mariage.

— Et depuis quand madame est-elle veuve ?

— Depuis deux ans.

— C'est drôle tout de même, fit le groom, de vouloir s'enterrer ici au lieu de se remarier.

— Chut ! fit Jean, il ne faut jamais parler de cela devant madame.

— Mais pourquoi donc ?

— Je ne sais pas au juste ; mais déjà, deux ou trois personnes, l'hiver dernier, ont dit comme ça à madame : « Vous devriez vous remarier, » et elle s'est mise à fondre en larmes.

— Tiens ! tiens ! fit le groom, elle aimait donc bien son mari ?

— Elle l'aime encore... et bien souvent nous l'avons surprise en contemplation devant son portrait et lui parlant, comme si le pauvre mort pouvait l'entendre.

— Pauvre femme ! dit le groom.

— Mais ce ne doit pas être pour cela que madame ne se remarie pas.

— Ah ! vraiment ?

— La première année du veuvage de madame, sa tante, la marquise de Vernolle disait souvent devant elle :

— Mon enfant, on ne reste pas veuve à votre âge.

Madame répondait :

— Je le sais; mais donnez-moi au moins le temps de pleurer mon mari.

— Mais voilà que depuis la mort de M. le comte de Vernolle, le père de madame, tout a changé.

— Comment cela?

— Madame se sent dans des attaques de nerf quand on lui parle de se remarier.

Elle a quitté brusquement Paris un matin, et je crois bien qu'elle n'y retournera jamais et que nous sommes destinés à mourir ici.

— Oh! pas moi, fit le groom, je veux aller à Paris.

Puis, tout à coup :

— Eh bien ! cette fois, entendez-vous la ponette ?

— Cette fois, oui, dit Jean.

Et comme il parlait ainsi, tous deux aperçurent la baronne Mercier galopant dans une des allées qui aboutissaient au château.

Le grand lévrier jaune bondissait devant elle.

La ponette vint s'arrêter devant la porte, et Mme Mercier, jetant la bride à Jean qui accourait avec empressement, se laissa glisser lestement à terre.

—*Mademoiselle* est couchée, dit le valet faisant allusion à la vieille dame de compagnie.

La baronne ne répondit pas.

Elle releva la jupe de son amazone et entra tout droit dans ce petit salon où se trouvait le portrait de son mari, et dans lequel elle avait fait entrer la mère Miracle quelques heures auparavant.

La femme de chambre l'y suivit.

— Le souper de madame est servi, dit-elle.

— Je n'ai pas faim, dit la baronne en se jetant dans un fauteuil, au coin de la cheminée. Apporte-moi seulement un bouillon.

La baronne paraissait plus triste et plus mélancolique encore que de coutume.

Elle s'enferma dans le petit salon, après avoir pris le bouillon qu'elle avait demandé, roula une table près du feu, prit une plume et écrivit la lettre suivante :

A madame de Lassenie,
à son château du Breuil (Touraine).

Ma chère Laure,

Voici plus d'un an que je ne t'ai écrit.

Pardonne-moi. Je suis la plus malheureuse des femmes et je vis seule, avec mon cher mort dans le cœur et l'épouvante de l'avenir.

J'ai fait à mon père mourant un serment au-dessus de mes forces, une promesse que je n'aurai pas le courage de tenir.

Tu es ma seule amie, écoute-moi, plains-moi, conseille-moi.

Tu as connu mon père ; il venait me voir une ou deux fois par mois, à notre couvent, et, bien qu'il eût repris sa vie de garçon depuis la mort de ma pauvre mère que j'ai à peine connue, il daignait parfois, au milieu de ses plaisirs bruyants, se souvenir qu'il avait une fille.

Deux hommes étaient tout dans ma vie, mon mari et mon père.

Mon mari est tombé mortellement frappé sur le pont de son navire, à l'âge de trente-huit ans.

Mon père, à quarante-neuf ans sonnés, se croyant toujours jeune, s'est battu pour une fille d'Opéra et a été tué en duel.

Depuis que mon mari n'était plus, j'avais reporté sur mon père ce besoin d'obéissance et de respect qui est en nous, pauvres femmes.

Je ne voulais rien savoir de sa vie dissipée; je ne savais, je ne voulais savoir qu'une chose, c'est qu'il était mon père.

Il avait peu à peu englouti les derniers débris de sa fortune; mais je suis riche par ma mère, et j'étais heureuse de lui faire une pension convenable.

Il y a eu hier un an, jour pour jour, que mon père est mort.

Deux jours avant, il était venu me demander à dîner.

Jamais je ne l'avais trouvé plus jeune, plus gai, plus insouciant de l'avenir

Quarante-huit heures après, à minuit passé, on venait me dire qu'il était mourant.

Je courus chez lui en toute hâte.

Il avait reçu une balle dans la région abdominale, et les deux médecins qui étaient auprès de lui hochèrent la tête en me voyant, et me firent comprendre que tout serait fini au point du jour.

Il eut la force de me sourire; il me prit la main et me dit:

— Marthe, avant de vous dire un éternel adieu, je veux vous demander pardon de tous mes torts.

— Mon père! m'écriai-je en l'arrosant de mes larmes.

Il pria d'un geste l'ami et les deux médecins qui étaient là de nous laisser seuls.

Puis, d'une voix encore ferme :

— Marthe, mon enfant, me dit-il, vous êtes veuve, vous êtes riche et je vous laisse seule avec votre enfant ; il vous faut un protecteur.

Je pleurais à chaudes larmes en le regardant.

— Marthe, continua-t-il, ne me laissez pas mourir sans m'avoir promis que vous vous remarierez.

— Je vous le promets, mon père, répondis-je.

— Et si je vous donnais un mari de mon choix...

A ces mots, je le regardai avec un douloureux étonnement.

— Un mari qui doit être à peu près de votre âge, poursuivit-il.

— Mais, mon père...

— Il porte un beau nom... et je suis persuadé qu'il vous rendra heureuse.

— Mais mon père, quel est l'homme dont vous parlez ? demandai-je.

— Marthe, mon enfant, continua-t-il, j'ai commis une grande faute dans ma jeunesse, et si vous consentiez au mariage dont je vous parle, cette faute serait réparée.

Son accent était suppliant, et ma douleur était si grande que je m'écriai :

— Puisqu'il en est ainsi, mon père, je vous jure de vous obéir.

Son visage s'éclaira; il pressa ma main avec une effusion fiévreuse :

— Hier, me dit-il, une heure avant ce combat qui m'a été fatal, j'ai écrit une longue lettre pour vous. Elle est là, dans le second tiroir de ce meuble. Quand je serai mort, vous l'ouvrirez.

Je passai le reste de la nuit au chevet de mon père; et il s'éteignit dans mes bras sans agonie, et presque sans souffrance, aux premiers rayons de l'aube.

Ah! ma bonne Laure, quel serment avais-je fait!

Le lendemain des funérailles de mon père, ma chère Laure, j'ouvris cette lettre volumineuse qu'il avait écrite pour moi.

La voici; je te la transcris textuellement :

Ma chère enfant,

Je me bats demain matin, à sept heures et demie, dans les bois de Meudon, et il est près de minuit. Je vous écris pour le cas où cette rencontre me serait fatale.

Ma chère Marthe, j'ai eu de grands torts envers vous.

Je vous ai laissée au couvent jusqu'au jour de votre mariage, m'occupant peu de vous, trop occupé que j'étais moi-même de mes plaisirs.

Depuis que vous êtes veuve, je vous ai pareillement négligée.

Pardonnez-moi. Je suis, à près de cinquante ans, un vieil enfant usé par le plaisir et cependant insatiable de jouissances.

Mon bonheur insolent d'autrefois me suivra-t-il une fois de plus sur le terrain ? car j'ai été un duelliste terrible.

Succomberai-je ?

Dieu seul le sait.

Cependant j'ai de funestes pressentiments, et les fautes de ma jeunesse me reviennent en mémoire une à une, depuis que cette rencontre est convenue.

On prétend qu'à sa dernière heure, l'homme jouit du privilége étrange de revoir toute sa vie comme au travers d'un kaléidoscope immense.

Ma dernière heure est-elle venue ?

C'est possible.

Un homme s'est tout à coup représenté à

ma mémoire, — un homme dont j'ai causé la ruine et la mort, et que cependant j'étais parvenu à oublier.

C'était, et il y a de cela bientôt vingt ans, mon plus intime ami.

Pendant dix années nous avons fait ensemble les plus étranges folies, moi le guidant, lui subissant mon ascendant que j'appellerai volontiers un ascendant infernal.

J'ai fait mourir ce jeune homme de douleur; je l'ai promené de tripots en tripots jusqu'à son dernier rouleau d'or.

Un jour le malheureux s'est brûlé la cervelle de honte et de désespoir.

Mais, avant de mourir, il m'a écrit, comme je vous écris, Marthe, mon enfant; il m'a écrit pour me maudire et me prédire que tôt ou tard son sang retomberait sur moi.

Eh bien! cet homme laissait un fils, un enfant de deux ans, confié à l'acquéreur de ses derniers biens.

Ce fils doit avoir votre âge, ma fille, et je viens vous supplier de réparer, si vous le pouvez, une partie du mal que j'ai fait.

Vous êtes veuve, vous êtes riche; pourquoi ne deviendriez-vous pas la femme du fils de l'homme que j'ai pour ainsi dire assassiné?...

Tu comprends, ma bonne Laure, continuait Mme la baronne Mercier, tu comprends que je n'ai plus besoin de te citer la fin de la lettre de mon père. Tu sais maintenant quel était le serment que je lui avais fait.

D'abord tout entière à ma douleur, je remis à plus tard l'exécution de ma promesse.

Puis, un jour, une sorte de curiosité vague s'empara de moi.

Où était cet enfant devenu homme et à qui je devais aller dire : Voulez-vous que je sois votre femme?

Grâce aux indications laissées par mon père dans sa lettre, je savais le pays que ce jeune homme devait habiter.

Certainement, il m'aurait été facile de faire prendre des renseignements.

Une certaine pudeur m'en empêcha.

Et puis, il y avait dans cette situation bizarre d'une femme à la recherche d'un homme à qui elle doit offrir sa main, quelque chose de romanesque qui séduisait ma pauvre âme en deuil et mon cœur désolé, dans lequel ne vivaient plus que des regrets.

Un matin, mon notaire, à qui j'avais exprimé le désir d'acheter une propriété dans l'Orléanais, me parla du château de Reuil.

C'est une solitude au milieu des bois, et c'est de là que je t'écris.

C'est te dire que j'ai acheté Reuil aussitôt et que j'y suis venue m'installer avec mon enfant et ma vieille demoiselle de compagnie.

Mon singulier fiancé, si je m'en rapportais à la lettre de mon père, devrait habiter à deux ou trois lieues de là, à la lisière de cette forêt qui m'entoure.

Mais, comme tu le penses bien, ma fantaisie romanesque aidant, je me gardai bien, à mon arrivée, de faire aucune question qui pût m'éclairer sur lui.

Je le savais pauvre ; mais, mon imagination aidant, je le drapai dans la pauvreté du sire de Rowenlwood, l'héroïque amant de Lucy de Lamermoor, et il fut bientôt un héros de roman.

Je me mis, dès les premiers jours, à parcourir la forêt à cheval.

Il me semblait qu'un soir, à la brune, je le rencontrerais, le cor de chasse à l'épaule, deux ou trois chiens couplés à la main, assis mélancolique et rêvant au pied d'un arbre.

Hélas ! ma pauvre chère, maintenant, je n'en puis plus douter.

Le héros de roman n'est autre qu'un affreux

paysan, vêtu d'une blouse, ne sachant ni lire ni écrire, et qui sans doute tressaille de joie le dimanche en dansant dans une grange avec une gardeuse d'oies.

Que veux-tu que je devienne?

J'ai fait un serment à mon père.

Mais puis-je le tenir?

Et cependant, si ce malheureux jeune homme est réduit à un tel état d'abrutissement, n'est-ce pas la faute de mon père?

Il est de certaines heures où ma raison s'égare et où la pensée de fuir s'empare de moi.

Et pourtant je reste... je reste ici, dans cette solitude, avec mon enfant, ne voyant personne, et comme si le monde qui s'agite, se passionne, était à mille lieues de moi.

Réponds-moi, que ferais-tu à ma place?

MARTHE.

Huit jours après, Mme la baronne Mercier reçut de son amie d'enfance, Mme de Lassenie, la réponse suivante :

J'ai cherché, mon ange, et j'ai trouvé. Tu es assez riche pour sacrifier cent mille francs. Donne-les à ce pauvre garçon. Elevé avec des paysans, paysan lui-même, il sera le coq du village, et tu lui feras un bonheur plus grand que si tu lui offrais ta jolie patte blanche. Puis reviens à Paris cet hiver, et je me charge, moi, de te donner un mari comme on en trouve dans les romans.

Tu m'indiqueras seulement la nuance. Le veux-tu brun ou blond ?

Ton liséré bleu,

LAURE.

Cette lettre était donc arrivée huit jours après celui où nous avons vu Mme la baronne Mercier se promener en forêt.

Mais durant ces huit jours bien des événements s'étaient accomplis à Saint-Donat, où nous allons retourner.

CHAPITRE XII

Pour résumer en quelques mots ce qui s'était passé à Saint-Donat depuis une huitaine de jours, il faut nous reporter au moment où mamselle Adèle, la rouée cabaretière, après avoir planté là maître Joseph Noël, en lui plongeant l'aiguillon de la jalousie dans le cœur, s'en était allée chez le compère Victor, son parrain.

Comme elle en sortait, le proverbe qui dit qu'il suffit de parler des gens pour les voir, se trouva justifié une fois de plus.

Au bas du coteau, et au moment où elle atteignait le chemin de halage du canal, mamselle Adèle rencontra le grand Jacques.

Le grand Jacques voulut prendre avec elle

les libertés qui lui étaient familières avec la première fille du pays venue.

Mamselle Adèle se montra plus sévère que de coutume.

— Cousin, dit-elle, vous devriez avoir honte de votre conduite. Vous pouvez compromettre mon mariage.

— Tiens! fit le meunier avec un gros rire, vous vous mariez donc?

— Ça se pourrait bien.

— Avec qui?

— Avec vous, si vous voulez.

Le grand Jacques fit une grimace qui manquait absolument de galanterie.

— Ma belle cousine, dit-il, j'aime bien plaisanter un brin avec vous, mais je n'aime pas dire des bêtises.

Mamselle Adèle se mordit les lèvres.

— Vous n'êtes guère aimable, dit-elle.

— Possible, mais j'ai mes idées.

— Ça fait que si un matin j'avais une trentaine de mille francs de dot, vous ne voudriez pas de moi?

— Ah! mais non...

En toute autre circonstance, la fille de Roquillon, qui avait, comme on dit, la langue bien pendue, aurait criblé le grand Jacques de sottises; mais elle avait ce jour-là de bonnes raisons pour ne se point fâcher.

— Non, vous n'êtes guère aimable, cousin, dit-elle; mais c'est égal, je pense bien que vous ne me voulez pas de mal, n'est-ce pas?

— Pour ça, non.

Elle prit son ton le plus câlin.

— Et que si vous me pouviez rendre un service...

— Pourvu que ce ne soit pas celui de vous épouser, cousine.

Mamselle Adèle se mordit les lèvres, mais elle ne cessa point de sourire.

— Pour vous dire la vraie vérité, dit-elle, il dépend un peu de vous que je m'établisse convenablement.

— Oui-da!

— Richement même. Et si cela arrive, le papa Roquillon n'est pas homme à reculer devant un fier pot-de-vin.

— Voyons donc ça, fit le grand Jacques, alléché par la promesse de sa cousine.

— Avez-vous toujours l'intention d'acheter notre prairie de l'autre côté du canal? reprit la Roquillone.

— Votre père en veut trop cher.

— Et si on vous la donnait?...

— Pas en dot, au moins?

— Non, dit mamselle Adèle, qui dévora gentiment ce dernier outrage, comme pot-de-vin.

— Qu'est-ce qu'il faut donc faire pour ça?

— Il faut me donner un coup de main pour mon mariage.

Et sûre de tenir le coq du village par la promesse de la prairie, qui valait bien une douzaine de cents francs, mamselle Adèle n'hésita point à faire ses confidences à son cousin le meunier, qui fut bientôt au courant de la passion insensée qu'elle avait inspirée à Joseph Noël. On a vu le peu d'estime que le grand Jacques professait pour la Roquillone; mais du moment où il serait payé de ses peines, il n'y avait aucun inconvénient à ce qu'il se mît dans son jeu.

— Eh bien, dit-il, qu'est-ce qu'il faut que je fasse?

— Il faut que vous passiez un bout de temps chez nous, demain dimanche.

— Bon! et puis après?

— Maître Joseph ne manquera pas de venir.

— C'est bien sûr.

— Vous me ferez les yeux doux, il enragera.

— Et puis?

— Et puis, quand il sera bien rouge, bien

essoufflé et qu'il étouffera de jalousie, vous me direz : Cousine, sortons donc un brin ; nous irons jusqu'à la ferme de la Poterie, voir la nouvelle mariée, et nous causerons de nos affaires.

— C'est tout ?

— Oui, dit mamselle Adèle; je pense que ça suffira.

Et elle se sépara du meunier et regagna lestement la maison de son père.

— Eh bien, dit le père Roquillon, comment ton parrain t'a-t-il reçue ?

— Oh! très-bien, dit-elle ; mais nous n'avons pas besoin, je crois, d'attendre qu'il soit mort.

— Hein ! fit le cabaretier.

Mamselle Adèle raconta à son père la rencontre qu'elle avait faite de Joseph Noël d'abord, et ensuite du grand Jacques.

— Tu es une fine mouche, dit Roquillon qui comprenait à demi-mot.

Et le père et la fille dressèrent leurs batteries pour le lendemain.

Le lendemain, en effet, qui était dimanche, Joseph Noël, qui avait passé une nuit fort agitée, entra dans le cabaret de Roquillon au sortir de la messe.

On avait publié le matin le ban de vendange, et toute la population vigneronne de

fuir ce jour-là la maison du Seigneur, de manquer la messe et d'aller à la besogne comme si c'eût été un jour ouvrable.

Aussi le cabaret était-il à peu près désert.

Dans un coin, Branchu le maréchal jouait au piquet avec le garde champêtre.

Tout près de la porte, Roquillon, sa fille et le grand Jacques achevaient de déjeuner.

Joseph Noël embrassa tout cela d'un coup d'œil, et il eut froid au cœur en même temps que son visage s'empourprait.

Néanmoins il fit bonne contenance et entra.

Mamselle Adèle le salua à peine et parut tout occupée de son cousin, le grand Jacques.

— Bonjour, monsieur Noël, dit Roquillon se levant avec empressement, qu'est-ce qu'il faut vous servir?

Joseph trébuchait en marchant, il eut de la peine à s'asseoir devant une table.

— Ce que vous voudrez, balbutia-t-il.

On lui apporta du vin, mais il ne but pas, il était entièrement démoralisé.

La petite comédie imaginée par mamselle Adèle réussit à merveille.

Le grand Jacques roucoulait et tournait les yeux comme un pigeon de colombier; Roquillon avait, de temps à autre, un geste d'impatience qui donna à penser à Joseph Noël éperdu.

Enfin le grand Jacques proposa la promenade à la Poterie, et mamselle Adèle accepta avec un empressement qui acheva de faire perdre la tête au bon Belge.

Branchu et le garde champêtre sortirent presque en même temps, ce qui fit qu'il ne resta plus dans le cabaret que le bon Belge et Roquillon.

Joseph, qui d'abord n'avait pas touché à son verre, se mit à boire coup sur coup.

Il avait besoin de chercher un étourdissement dans le vin.

Roquillon, qui s'était tenu un moment sur le seuil de la porte, suivant des yeux sa fille et le grand Jacques qui s'éloignaient, rentra en grommelant.

— Si ça ne fait pas pitié, dit-il tout haut, qu'une fille se marie ainsi contre la volonté de son père.

Ces mots firent dresser l'oreille à Joseph Noël.

— Ah! dit-il, votre fille se marie?

— Malgré moi, monsieur Noël.

— Avec le grand Jacques?

— Faute de mieux. Elle n'a pas de patience, et comme personne ne la demande... elle s'est jetée à la tête de ce garnement, qui avant trois mois la battra comme plâtre.

Il est des heures où le mouton devient enragé, où la colombe timide trouve l'audace du milan.

Une de ces heures-là sonna tout à coup pour Joseph Noël. Il se dressa tout d'une pièce, regarda fixement Roquillon et lui dit :

— Vous avez tort de donner votre fille au grand Jacques.

— Pourquoi donc ça ?

— Parce que je l'aurais épousée, moi.

Roquillon fit un pas en arrière.

— Vous voulez rire, monsieur Noël, dit-il.

— Je n'en ai guère envie, murmura le pauvre homme.

— Un richard comme vous !

— J'aime votre fille.

Roquillon frappa de son poing sur la table et les verres s'entrechoquèrent d'eux-mêmes :

— Ah ! tonnerre ! dit-il, si j'étais le maître !

Et comme il disait cela, des pas précipités se firent entendre à la porte du cabaret et la Roquillone entra toute rouge, son fichu déchiré, en proie à une vive émotion.

— Ah ! disait-elle, je n'en veux plus ! je n'en veux plus !

— De qui ? dit Roquillon en se retournant.

— Du grand Jacques... de mon cousin.

— Pourquoi donc ça ?

Joseph Noël était devenu tout pâle.

— Je serais malheureuse avec lui, répondit mamselle Adèle. C'est un brutal..... J'ai voulu malgré lui retourner à la maison, et il m'a battue !

En même temps, elle regarda Joseph Noël avec une subite tendresse.

Le bon Belge était en veine d'audace.

Il prit dans sa grosse main calleuse la petite main de mamselle Adèle et lui dit :

— Eh bien, si vous voulez être ma femme, je vous jure que je ne vous battrai pas, et que jamais ne regarderai seulement une autre que vous.

Mamselle Adèle cacha sa tête dans ses mains et joua une admirable confusion qui acheva de séduire le bon Belge.

Une heure après tout était convenu, et Roquillon s'en allait trouver le curé en grand mystère, pour savoir s'il n'y aurait pas moyen de racheter deux bans de publication, afin que les choses allassent un peu plus vite.

FIN DU DEUXIÈME VOLUME

Paris. — Typographie E. Panckoucke et Cⁱᵉ, quai Voltaire, 13.

www.ingramcontent.com/pod-product-compliance
Lightning Source LLC
Chambersburg PA
CBHW070902170426
43202CB00012B/2161